常州市工商联 编

新火传薪

常州民营企业家创新创业

中华工商联合出版社

图书在版编目（CIP）数据

薪火传承：常州民营企业家创新创业 / 常州市工商联编 . -- 北京：中华工商联合出版社 , 2024.1
ISBN 978-7-5158-3884-7

Ⅰ . ①薪… Ⅱ . ①常… Ⅲ . ①民营企业－企业管理－案例－常州 Ⅳ . ① F279.245

中国国家版本馆 CIP 数据核字 (2024) 第 011619 号

薪火传承：常州民营企业家创新创业

编　　者	常州市工商联	
出 品 人	刘刚	
责任编辑	吴建新	
责任审读	付德华	
责任印制	陈德松	
出版发行	中华工商联合出版社有限责任公司	
印　　刷	北京毅峰迅捷印刷有限公司	
版　　次	2024 年 1 月第 1 版	
印　　次	2024 年 1 月第 1 次印刷	
开　　本	170mm × 240mm　1/16	
字　　数	260 千字	
印　　张	18.5	
书　　号	ISBN 978-7-5158-3884-7	
定　　价	68.00 元	

服务热线　010-58301130-0(前台)
销售热线　010-58302977(网店部)
　　　　　010-58302166(门店部)
　　　　　010-58302837(馆配部、新媒体部)
　　　　　010-58302813(团购部)
地址邮编　北京市西城区西环广场 A 座
　　　　　19-20 层，100044
http://www.chgslcbs.cn
投稿热线　010-58302907(总编室)
投稿邮箱　1621239583@qq.com

《薪火传承》编委会

序

　　常州是中国民族工商业的重要发祥地，是我国民营经济最具活力的地区之一。从老一代企业家在改革开放春风中跃马扬鞭，到年轻一代企业家在新时代浪潮中奋楫扬帆，常州民营企业笃行不怠、步履铿锵；从谋求发展"有创新、有特色、有亮点"，到聚力蝶变"有质量、有品牌、有内涵"，常州民营经济能级不断跃升，风景这边独好。

　　近年来，常州市工商联在常州市委、市政府的坚强领导下，坚持以习近平新时代中国特色社会主义思想为指导，全面贯彻党的二十大精神和习近平总书记对江苏工作重要讲话精神，深入落实《中共中央 国务院关于促进民营经济发展壮大的意见》，紧紧围绕全市"532"发展战略、新能源之都建设等中心工作，在助力高质量发展之路上大力弘扬新时代企业家精神，全面实施民营企业家"薪火传承创新创业"行动计划，持续奏响"青蓝接力进

行曲"。

《薪火传承》专集是常州市工商联采撷"青蓝接力进行曲"中的最美音符，精心编撰而成的"奋斗证言"。本着"执真挚的感情、讲真实的故事、现真切的体会"的编撰原则，全书聚集22个优秀传承案例，通过"走近、走进、走心"，直击常州新老两代、三代民营企业家接力前行之路；通过"跟拍、抓拍、叠拍"，展现民营企业赓续奋斗勇创新、全心全意报桑梓、助力高质量发展的"常州样本"！

在中华全国工商业联合会成立70周年之际，常州市工商联也迎来了"七秩之喜"。鼎立新征程，常州市工商联将"牢记嘱托、感恩奋进、走在前列"，扛起"敢为、敢闯、敢干、敢首创"的担当，不断深化"两个健康"先行区建设，着力培育民营经济人士健康成长新标杆，激发民营经济高质量发展新动能，积极开创工商联事业发展新局面，共同赋彩中国式现代化常州答卷！

是为序。

目 录

★文章以老一代企业家姓氏笔画为序,排名不分先后。

秉志接力　共赴山海

丁山华（左一）　丁志鸿（左二）

2023 年 7 月 28 日晚，第三十一届世界大学生夏季运动会在四川省成都市隆重开幕。夜幕下，东安湖体育公园主体育场华灯璀璨、流光溢彩，把现场气氛烘托得十分热烈。此时，远在千里之外的江苏上上电缆集团，公司上下也洋溢着喜悦与自豪。早在 2017 年，上上就凭借着过硬的产品品质，从 20 余家品牌企业中脱颖而出，成为保障成都大运会防火电缆和高压电缆等产品的优质供应商之一，重点参与了主会场东安湖体育公园、核心场馆凤凰山体育公园的工程建设。

　　成都大运会的保障工程只是上上众多力作中的一项。50 多年来，上上专注于电线电缆产品的研发、制造和服务，产品涉及新能源、输配电、海工及船舶等领域，三代核电壳内电缆填补了世界核级电缆领域空白，产品为天安门城楼及广场改造、北京奥运、北京冬奥、北京大兴国际机场、港珠澳大桥、京沪高铁、核电工程、苏通 GIL 综合管廊工程等国家重点项目所选用，并出口全球 80 多个国家和地区，成就"中国第一、世界第七"的行业奇迹。

　　时间是最好的见证者。江苏上上电缆集团董事长丁山华与"一根电缆"结缘，在无数个日日夜夜中，他将"人诚品优"奉为座右铭，谋实业、崇实干、做精做专，把一家濒临破产的无名小厂发展成全球绝缘线缆企业规模排名"中国第一、世界第七"的行业巨头。他的拼搏精神、诚信精神、专精精神、奉献精神深深影响了"创二代"丁志鸿，在引领上上奔向新征程的阳光大道上，父与子的"精神共振"，持续唱响"上上"之歌，成就无限可能……

命运在自己手中，路在自己脚下

生于 1947 年的丁山华，成长于困难时期，熔炼于激情岁月，迈步于改革大潮，奋发于时代新程。他说："2023 年，对我来说非常特殊，今年是我参加工作整整 60 周年、入党 50 周年、与企业结缘 40 周年。回顾在企业干了什么？我认为就改变了'一个字'——从 1983 年销售额 400 万元，到 40 年后的今天，销售接近 400 亿元。从'万'到'亿'，我就做了一个字的改写！"

从"万"到"亿"，改写一字的背后，却需要销售额万倍递增的实力担当。对于父亲的创业史，丁志鸿耳濡目染，深有感触，他说："董事长对我的影响潜移默化。他一生专注实业、勤奋敬业，一辈子只做一件事，要么不做，要做就做到极致！"

1963 年，17 岁的丁山华进入溧阳县机电厂成为工人，做过钳工、车工等。凭着一股子钻劲儿，1983 年 10 月 4 日，丁山华走马上任溧阳电线厂厂长，当时的电线厂是出了名的烂摊子，当年年底，长期依赖市场计划配给的电线厂几近断炊，眼看着年底发不出工资，身为厂长的丁山华带着几个销售员直奔市场"找米下锅"。他常说"要争气，不争气只有生气的份"，事实也是如此，最终，他凭着一股"要争气、不服输"的精神，在安徽屯溪、歙县工业局谈成两笔业务。有了这单"救饥米"，当年溧阳电线厂的工人工资终于有了着落，年底一算账，电线厂当年销售较上年净增近 100 万元，企业度过一劫。这次"找米下锅解饥荒"的经历让溧阳电线厂的干部职工看到了"主动跑市场、寻客户、求生存"的迫切性。为了企业进一步发展，从 1984 年起，丁山华顶住巨大压力，果断拆掉"员工端着铁饭碗，干部坐着铁交椅,大家拿着铁工资"这堵"铜墙铁壁",并把战略重点转移到研制开发煤矿矿用信号、通信电缆上。这次调整,让工厂开始加速发展。

命运在自己手中,路在自己脚下,奇迹都是人创造出来的。仅仅过了两年,溧阳电线厂的面貌就发生重大改变:开发的 5 个矿用电缆系列新产品一炮走红,为国家 5 个重点工程配套,被全国 80 多个煤矿、矿务局的重点矿井、新建矿井选用,产品质量市场抽查合格率达 100%;1987 年,塑料电力电缆和阻燃橡套电缆研制成功,电线厂完成了以生产电线为主到以生产电缆为主的重大转变,并更名为"江苏省溧阳电缆厂",当年就甩掉了"后补"的帽子。丁山华的锐意开拓使全厂员工渐渐形成了一个共同的信条:英雄好汉,产品上看,市场点将。然而,产品需要品牌,没有品牌的产品休想走得长远。从 1987 年 10 月 10 日起,"上上"正式成为电缆厂商标,寓意"上上电缆,上上品质,追求卓越,永无止境"。

1994 年 12 月 14 日,三峡水电站正式开工。丁山华预判中国电力基础设施建设将迎来发展的黄金期,中压电缆可以广泛运用于城市地下电网、发电站等多种场合,将有巨大的市场需求。经过前前后后 15 次论证会,1995 年底,他最终拍板,决定上中压化学交联生产线,开发电力电缆。几经努力,1996 年 7 月份,世界最先进的芬兰麦拉菲尔化学交联生产线运抵厂内,丁山华要求外商配合,力争半年之后出产品。外商睁大眼睛,好像迎面撞着外星人:"我们的设备销往世界各地,包括中国,从未有过这样的纪录。你们这种速度不可能实现。"纪录总是由人创造的。经过周密部署,上上三个月就完成整机安装，年底一次试车成功。外商惊叹："你们的安装操作技术已与国际接轨，速度创造了世界纪录。你们的企业前途无量！"其后，辐照交联、橡套连硫两大生产线顺利上马。投产后，企业形成了以 35kV 及以下的电力电缆和架空绝缘电缆为主的格局，一举进入电力市场。

乘胜前进，1998 年，丁山华充分利用"三大交联"的优势，带领员工大做特种领域产品文章。这一年，溧阳电缆厂正式更名"江苏上上电缆集团"，一个新的时代拉开帷幕。这一年，电缆厂顺利通过了 ISO9001 质量体系认证，并成功地开发了 8 个新产品，其中，具有极高技术要求的核电站用 IE 级 K3 类系列电缆通过国家 14 个

上上电缆厂区外景图

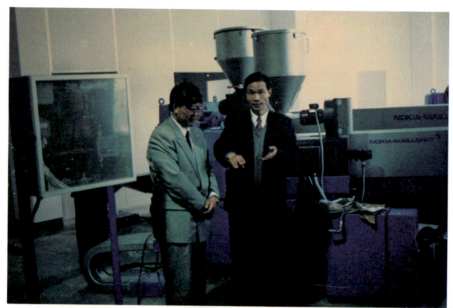

1996 年，丁山华在企业第一条进口化学交联生产线安装完成现场

部委、研究所的专家鉴定，达到国内先进水平。同样在这一年，刚入职的丁志鸿接到办公室的通知，让他收拾行李，赴北京负责销售工作。临行前，父亲把他叫到办公室，关照了一句："在外要多吃苦、多思考、多学习，放宽眼界，拓展思路。"虽然知道工作的难度，但他横下一条心，带着父亲的嘱托、母亲的不舍，背上行李踏上征程。

我传承的不是财富，传承的是文化和精神

对于二代的培养，丁山华有自己的考虑，他说："当好一个企业的管理者，要从最基层、最简单的工作开始，要从市场一线、生产一线开始，要认真、勤奋、磨炼、积累，要培养对实业和制造业的兴趣。同时，要能团结人，要关心爱护和支持员工，要真正做到

吃苦在前、享乐在后，最终还是要发挥大家的作用。"丁志鸿就是按照这样的要求、循着这样的路径一步步成长。因此，他认为："我是'创二代'，我传承的不是财富，我传承的是文化和精神。"

回想初到北京之时，"老总儿子"的身份并未让他感到任何的特殊，反而一度彷徨、迷茫相随。当时的北京还处于城市大开发的前夜，丁志鸿的住处虽然在南三环，但民房隔壁饲养着驴骡，蚊蝇滋扰，异味熏人，办事处甚至不敢开窗。不过这还不是全部，父母并没有给他额外的资助，其生活费全部自理。为了节省费用，他学着自己生火做饭，菜肴只有一种，那就是母亲灌制的香肠。一碗饭一根香肠，这就是他一天伙食的最高标准。他把老总儿子的身份看成是一种压力和动力，努力在市场中捶打自己，立志凭努力闯出一片天地。

今天，坐落在天安门广场一侧的国家大剧院已经成为一个展示我们文化实力的窗口，每当夜幕降临，金碧辉煌的大剧院透过渐开的"帷幕"，流光溢彩的外墙、灯火辉煌的舞台穿透时空，与星月相呼应，含蓄而大气。但是，很多人不知道，美景的背后，有"上上"电缆高质量的保障，也刻镂下丁志鸿职业成长史上的足迹。

1998年，国务院批准国家大剧院工程立项建设，随后的工程招标残酷而严苛。经过持之以恒的努力，丁志鸿带领北京销售团队进入招标的冲刺环节。工作上再苦再累，他不会和父亲哼叽一声，在产品质量上却不放过一个瑕疵，力求尽善尽美。经历一个个不眠之夜，最终功夫不负有心人，上上北京团队以出色的解决方案一举夺得国家大剧院一号订单。之后，钓鱼台国宾馆电缆改造、天安门城楼改造、中南海电信局改造等一系列重大工程相继竞标成功,由于保障出色,中南海电信局还特地送来了锦旗:"优质服务,信誉第一,质量可靠,用户满意!"此后,北京地铁、首都机场改造、劳动人民文化宫……都用上了上上的电缆,仅北京市场,产品销售额一下子上升到1亿元,占全公司销售的五分之一。上上终于在北京站稳了脚跟,同时带来良好市场声誉。

2001年,上上在溧阳市政府支持下正式改制。改制进一步理顺了管理机制,为上上进一步放开手脚创造了条件。因出色的业绩和工作表现,丁志鸿被逐步提拔为上上副总经理、常务副总经理,新的岗位对他提出更高的要求,也让他对父亲的匠心、理想和情怀有了更深层的感受,让他对自己的责任有了更清晰的认识。

改制后,丁山华董事长为上上确立了"人诚品优、开拓创新"的核心价值观。他逢会必提:"产品质量一定要确保万无一失,否则就是一失万无。"对客户,他一片坦诚:"和上上打交道,可以不设防。""我们从不搞关系走后门,无论是采购还是销售,我们都只认品质。"在此基础上,确立了上上"精、专、特、外"战略目标,产品逐步走向"高、新、尖"的广阔蓝海。

为了做好战略支撑,在丁山华领导下,上上先后投资1亿多元用于中压化学交联电缆的扩能改造,使上上35kV以下的中压交联电缆生产能力和产品质量始终处于国内同行的最前列。2008年,上上投资23亿元建设西厂区,这个项目是丁山华在国内电线电缆行业里史无前例的大手笔。在父亲的支持下,丁志鸿在项目的规划、建设和管理中发挥了积极作用,其间,虽然遭受2008年国际金融危机

世界首堆 AP1000 壳内电缆交付仪式现场

的巨大影响，但在一波又一波金融海啸面前，上上毫不动摇，坚定信心，加大投入。在 2009 年 6 月，一期特种电缆项目全面投产，整个厂房面积达 120000 平方米，在国际、国内都很少见。此后又马不停蹄加快二期工程超高压项目建设投产，最终一、二两期合璧，让上上成为国网超高压电缆第一梯队供应商，具备从家用 220 伏直至电压等级最高的 50 万伏电力电缆全系列生产能力。

2014 年，丁山华看准市场动向，推动上上逆势而上，再投 6 亿元进行技改，新建了 80000 平方米车间。当时，已经担任集团常务副总经理的丁志鸿在技改中发挥重要作用，他说："这次改造不是简单的扩能，而是实现'精、专、特、外'的重要措施，通过改造要具备高档产品的生产能力，满足高端用户的需求，企业的产品档次、研发能力、竞争力再上一个新台阶。"最让丁志鸿难忘的是在"2015十大经济年度人物"的颁奖现场，父亲丁山华的一段感言："三代安全型核电缆是国际招标，当时我们中了壳外电缆，一家国外公司中了壳内电缆，可是三个月后那家国外公司不干了，到底是刁难还是知难而退我们无从考证。怎么办？这给咱们国家的核电建设造成了重大障碍。在这关键时刻，上上凭借优良的装备、扎实的技术和实干精神承担了这个艰巨的任务，攻克了20多个难关，最后取得成功，并且在国外做了极端残酷的冲击实验获得通过。""国外干不了的，上上一定要干，要争这口气。"丁志鸿说，父亲的胆略、魄力和爱国之心是激发他努力工作、不断前行的最大动力。

叫我如何不努力？

因企业发展需要，2016年4月，丁志鸿正式担任上上集团总经理。次年10月17日，上上举行了隆重而热烈的50周年厂庆。丁志鸿感受到了沉甸甸的担子，也更清楚自己的责任。

丁山华董事长为"上上"制订的企业愿景是：行业状元，百年老店。丁志鸿明白，在父亲几十年来全心投入下，上上已经实现了国内第一这个行业状元的目标。但是，要做百年老店，作为总经理，他需要更多的付出和努力。为此，丁志鸿在工作中自始至终把人才建设放在首位，他希望能通过多方面的努力，为上上构建一支年轻有活力的优秀团队，成为上上基业长青的不竭源泉。

丁山华是开明的父亲，也是智慧的董事长。在管理上，他和总经理明确了"一切照制度办"的工作原则，"凡事有章可循、凡事有人负责、凡事有据可查、凡事有人监督"，用核电的安全理念来管理企业。"制度上有规定的按制度办，制度上没有规定的，大家讨论一下。"在这样的工作机制下，丁志鸿大胆在公司拿起"制度化管理"的指挥棒，一切有章可循、按规矩办，这大大提升了企业工作效率，保障企业健康发展。

事在人为，作为总经理，丁志鸿还非常注重做好"人"的工作。在他的领导下，上上优化了"能者上，平者让，庸者下"的管理体制，根据员工的实际情况及其个人目标，通过薪资调整、职位晋升、提供培训、员工福利等全方位地为员工进行职业生涯规划，让公司每一个岗位都成为有智慧、有能力的人施展才华的舞台。上上还确立了"不求所有，但求所用；不求所在，但求所得"的引才观念，并在实际操作中进一步完善人才、智力、项目相结合的柔性引进机制，积极推进"2480 人才计划"，即与上海交大、西安交大、哈尔滨理工大学等 20 所顶级科研院所达成合作，同时引进国内外 40 名顶级科研专家加盟上上，培养一支 800 人的专职研发团队。这一机制大大拓宽了人才资源开发的空间，提升了人才资源的开发度。

为了让每个员工都有参与培训的机会，2019 年，上上专筹资金 400 余万元建立了 1000 平方米的电缆实训基地，特聘技能专家和高级技师当老师，面对面现场传授与演示，把关键工序的操作方法分享给大家。2021 年，上上电缆成为江苏省常州市职业技能等级认定（电线电缆）试点企业，意味着上上电缆对员工的电线电缆制造技能认定资质得到了社会认可，打通了一线员工的职业成长通道。2022 年，"上上云学堂"顺利启动，这所"没有围墙的大学"将高

2017年10月17日，公司50周年庆典上丁志鸿代表公司向溧阳市教育局捐赠1000万元

质量、补短板、受欢迎的内训课程惠及员工，构建"测、学、练、考、评"人才培养全路径，为上上人才培养工作提供新支持。

作为江苏省青商会常务副会长、溧阳青商会会长，丁志鸿身体力行，积极回馈社会。在丁志鸿积极推进下，上上向溧阳市慈善总会捐款千万元，同时还向常州市光彩事业促进会、江苏省残疾人福利基金会等多次捐赠。丁志鸿说，作为"70后"的企业管理者，在科技竞争日益重要的今天，他更深切体会到发展教育的重要性，因此，在做好扶持社会困难群众公益行动的同时，他把目光更多地放在企业助学行动上。自2011年以来，丁志鸿每年都参加困难家庭子女助学活动，为他们资助奖学金，通过点点滴滴的爱心行动为贫困学子撑起一片天空。

"虽然上上给了我不一样的平台，但是，我没有把它看成是一份值得炫耀的资本，而是一种压力、一种鞭策。""我的父亲勤奋敬业，几乎没有什么个人享受，但在公司发展的投入上行动果断、毫不犹豫，非常舍得。有好榜样、好基础、好环境，叫我如何不努力？"丁志鸿在交谈中多次谈到父亲对自己的影响。诚然，这位如山一样厚重、智慧的父亲用自己的努力将中国的电缆事业推进到一个新的高度，也用自己的行动做好年轻一代的表率和引领。

面向未来，在父子携手、薪火相传的前行路上，一个传扬"艰苦奋斗的精神、敢闯敢干的精神、引领发展的精神、积极向上的精神"的上上，定当继续书写传奇，更上层楼！

记者手记

小胜靠智，大胜靠德。江苏上上电缆集团董事长丁山华与"一根电缆"结缘，在无数个日日夜夜中，他将"人诚品优"奉为座右铭，谋实业、崇实干、做精做专，把一家濒临破产的无名小厂发展成全球绝缘线缆企业规模排名"中国第一、世界第七"的行业巨头。他的拼搏精神、诚信精神、专精精神、奉献精神深深影响了"创二代"丁志鸿，在引领上上奔向新征程的阳光大道上，父与子的"精神共振""双向奔赴"，为持续唱响上上之歌，成就无限可能！

在"百年五洋"路上行稳致远

王菡珠　王敏其　王水（从左至右）

2023 年春节期间，五洋纺机掌门人王敏其组织召开了一场重要的家庭会议：商议股权分配，明确儿女的分工、收入等。这家全国经编行业的隐型冠军企业将告别夫妻店的经营模式，正式成立控股公司，明晰产权分配，为建立"百年五洋"奠定扎实基础。4 个孩子不分男女，平均分配股权，已成年儿女在自由选择的基础上明确各自分工及营收指标。除了股权分红、经营收入，王敏其还将自己的股权拿出来作为单独的奖励，他说："我的股权迟早要由孩子们来继承，与其留给他们，不如奖给他们。谁的项目经营得好就奖励谁，相互之间良性竞争，不能拆台。"

王敏其有"智能经编王"美誉，他从 1986 年投身纺织机械行业，始终坚持科技创新引领，一步一个脚印、一步一个台阶，研制的经编纺织机械从低端发展到高速先进装备，直接对标媲美德国卡尔迈耶等国际先进纺织机械企业的产品，让国产智能制造装备在世界舞台上大放异彩。他的五洋纺机从当年产品单一的小作坊，到如今集研发、制造、销售、服务于一体，生产系列经编机、高端纺织品的综合性国家高新技术企业，拥有五洋纺机、艾诗丽 3D 经编服饰、数字工厂、五洋越南等多个实体，实现了脱胎换骨式的"嬗变"，并在"百年五洋"的道路上行稳致远。

儿女通过"大考"

2022 年，王敏其在越南工厂待了足足七个多月，除了疫情原因，主要还想考察一下儿女们的经营管理能力。"我越往后缩，他们成长得越快。"王敏其对考察结果很满意，"儿子女儿通过了'大考'。"

1986 年出生的长子王水与五洋纺机"同岁",2009 年东南大学机械工程专业本科毕业后,赴美国纽黑文大学攻读 MBA 工商管理硕士,2012 年学成归来。王水加入五洋后即开始主抓数字工厂的建设和运营。五洋数字工厂是我国经编行业首家数字工厂、江苏省示范智能车间,10 年来创新投入达 1.8 亿元。从工厂基础设施建设到设备选型,从产学研对接到新品研发,王水带领团队不断创新发展,取得了一个又一个丰硕成果:他参与研发的 GE288A 型中绒双针床经编机成功实现产业化,改变了国内纺织品生产用户长期依赖进口的局面;GE295 高速单针床经编机生产出的"半钢性玻璃纤维网格基布"被应用于天宫一号的发射上,为我国航天、军事等领域打破国外垄断作出了一定贡献;GE2296 高速双针床经编机、GE2396 无缝成型经编机分别荣获中国纺织联合会科技进步一等奖、江苏省优

秀新产品金奖……

2022年底，历经四年研发的碳纤维多轴向经编机、割绒类双层剑杆织机、空间织物双层剑杆织机问世，并已有客户订单。五洋之前一直做的是经编装备，这次成功将比利时百年企业范德威尔一家独大的机织装备做了出来。

"从原来的数字车间到数字工厂，到现在的智能化运营，到新产品都研发出来，小家伙撑起了一个非常高端的数字工厂。"说起儿子，王敏其非常开心，"王水这一块发展顺利，按照这样的节奏走下去，我可以说五洋未来二三十年的主打产品就有了。"

"女儿近年来负责五洋纺机老厂这一块。去年她把经编设备老型号全部升级了一遍，自己一个人开车到河北、浙江跑市场，同时帮助客户创新升级产品。这对一个女孩子来说很不容易，但她都做

五洋纺机厂区外景

到了。"王敏其的女儿王菡珠拥有纽约州立大学的机械和数学双学位，2012 年放弃硕博连读回归家族企业，经编机的运转结构都是由她设计的。

五洋经编机创造过很多"神话"："天宫"系列上的充电帆板、北斗卫星上的天线、部队用的屏蔽网、用经编做的草坪，都与其设备有关。"现在有很多新机型、很多种玩法，我们要根据客户的需求、市场的需求研究出不同的编织结构。"她有一个客户是迈克尔泰迪熊的制造商，这种长毛玩具的面料是由五洋经编机生产的。为了帮助客户拓展市场，王菡珠带领研发团队从机器上改变结构，不仅解决了掉毛问题，还丰富提花维度做成双层立体造型，同时在编制过程中把长长短短的毛体现出来，做成仿真动物皮毛。"成就客户，才能成就自己。"王菡珠把父亲的教导牢记心中。

五洋发展地图

1986 年，生产纺机配件；1989 年，制造整经机、络筒机；1993 年，研制生产国际首台小型双结渔网机；1996 年，研制生产第一台"网眼袋"经编机……王敏其从纺机配件起步，到专业开发生产经编机，至 20 世纪末年销售一二千万元，企业已小有规模。

20 年前他的第一次出国、第一次到英国伯明翰参加展会，成为五洋发展史上的一个重要转折点。"德国卡尔迈耶公司一个展台最起码有两千平方米，里面至少有八台机器，每一台机器都用上了我们现在才用的伺服控制，像系统、触摸屏，当时在国内看都没有看到过。"王敏其随中国纺机协会出国考察，同行的企业家都感觉到

五洋纺机生产车间

了巨大的落差，当时中国的制造业还比较落后，产业链任何一个环节都达不到国际先进水平。"知道了差距，才明白自己的方向在哪里，就知道该做什么了！"王敏其当时就暗暗定下目标：瞄准引领世界经编行业的卡尔迈耶公司，30年以后，我也要造出这样的机器。

以卡尔迈耶为目标，王敏其选择产品差异化竞争，主要瞄准经编机的提档升级，成为国家首批智能装备项目。创新成为企业的生命主线，经过30多年的积累，逐步形成单针床、双针床、花边机、智能剖幅机几大产品体系，产品销往全国大部分省、市、自治区，并远销加拿大、欧盟等30多个国家和地区。五洋数字工厂，制定多项编机行业标准，推动了中国经编机往高速、高效、智能化方向发展，对提升我国纺织机械装备制造水平及竞争力起到了引领示范作用。近年来，我国双针床经编设备已很少从国外进口。2015 年，工信部把全国针织行业智能制造现场交流会开到企业，把五洋纺机作为样板在全国推广。五洋纺机被国家工信部认定为"双针床经编机"制造业单项冠军示范企业。

结果，仅用了 20 年时间，王敏其就实现了当年的宏愿，并且在很多领域实现反超。五洋现有 6000 多家客户，出口占销售总额的四分之一。

2023 年 6 月 8 日至 14 日，自 1951 年以来每 4 年举办一次、素有"世界领先的纺织服装技术展会"美誉、引领全球纺机装备技术创新及参展商与顶级买家的沟通平台 ITMA 展会在意大利米兰国际会展中心举行。五洋纺机数字工厂总经理王水和五洋纺机总经理王菡珠率队参展。全世界带经编机参展的，只有卡尔迈耶和五洋。五洋展台布置了 GE2268 数控特里科高速经编机、GE2882 数控仿真皮毛双针床经编机两台机器及全成形 3D 经编服饰产品，以及多轴向、双轴向、双剑杆的样册。参展期间，五洋纺机展台人气满满，客户、嘉宾纷纷前来观摩咨询、交流洽谈。卡尔迈耶也派员前来观展，一下子来了几十个人，差不多看了一天半时间。

从 20 多年前对标德国卡尔迈耶，到 5 年前对标比利时范德维尔，王敏其的雄心一如当年，在五洋发展地图上不断开疆拓土。

5 年前，王敏其听中国纺织协会领导说，我国 3 年以后碳纤维的产量会超过 10 万吨（目前已超过 20 万吨）。碳纤维比钢铁、铝、镁合金更轻、强度更高，是很贵的原材料，目前中国所有的碳纤维几乎都用在风力发电上，而且都是大体型的，那这么多碳纤维要用在哪里？

当时，国外的航空材料70%左右使用碳纤维，而国内的航空材料碳纤维使用比例才百分之十几。王敏其考虑：这个碳纤维一定是要编织的，五洋的双剑杆、双阻向都可以编织，就决定提前布局，把碳纤维编织上面的内容全部研发起来，并且直接对标比利时范德威尔的相关织机。

范德威尔集团至今已有140多年历史，专业从事研发、制造、安装地毯和天鹅绒织机，以其高品质、高技术闻名于国际纺织机械行业，处于全球垄断地位，一台机器售价至少500万元。面对这样一个巨无霸对手，中国纺织机械行业的人都不敢去碰。一方面，很多人认为这是一个小众产品，市场不一定会太大；另一方面，范德威尔整台设备所有的零部件、电脑程序、传感器、控制系统和伺服等，都是自己公司生产的，全闭环，门槛太高，所以只能仰望。

"我们觉得中国人一向勤劳勇敢，不会比外国人笨，他们能做出来的东西，我们想方设法也一定能做出来。"王水与父亲一样信心满满，并延用五洋的老办法破题，即：所有的东西都自己去造、自己去摸索，然后一个一个零配件，都是与五洋现有的供应商合作、攻关，全部从零开始，花了近四年时间。五洋在资金上也给予了充分保障，数字工厂的创新投入从来没有间断过，近三年来更把公司的所有盈利悉数投入数字工厂新品研发。2022年底，碳纤维多轴向经编机研制成功，五洋上下一片欢腾，并且很快有了客户。

"航空航天就不用说了，从10%以上到70%，有大量的结构件需要用碳纤维替代；轨道交通未来要提速到500公里，如果不使用

王敏其与王水讨论产品工艺

更轻便的材质，提速成本很高，所以对碳纤维的使用也会越来越多；包括导弹的发射系统、无人机等，都要用到碳纤维。"王水现已把工作重心调整到新产品的应用拓展上。"我2023年4月去法国参加了全世界最大的碳纤维复合材料展览，展会上有一辆跑车，整个车身、车体、尾架、内饰等全是用的碳纤维材料，这一块的市场也非常大。"

在五洋的发展地图上，还有重要的两块。一块是王敏其24岁的二儿子接手的五洋3D经编服饰，另一块是五洋集团（越南）有限公司。

五洋纺机研发的全成形智能服装经编机完全颠覆了纱线经过整经、织布、裁剪、缝制等工序做成服装的传统生产流程，纱线放进去，成品产出来，一体编织、一次成型、个性定制，人称"纺织业的3D打印机"。全成形经编机可降低能耗30%以上，生产效率提高 60%，这种生产流程的进化，背后靠的是企业坚持不懈的智能化升级。目前，五洋服饰已与 ZARA、lululemon（加拿大）合作，"这一块今年销售约 5000 万元，明年翻番。"王敏其介绍说，"二儿子一次成型服装这块，会是五洋目前增长最快、未来体量最大、利润最高的项目。"

五洋集团（越南）有限公司是五洋响应国家"一带一路"战略，走国际化集团运营道路，在越南投资兴建的集生产、销售和服务于一体的综合性企业，目前由王敏其亲自打理。公司投资的法兰绒染色面料及绒毯项目，建成后年产各种规格染色印花面料 3000 吨，各类中高档绒毯 700 万条，产值达 4000 万美元。去越南布局，王敏其可谓一举两得：一方面是为了五洋经编成为百年企业考虑，放眼全球，多点布局，延长产业链；另一方面也是为了带动下游企业走出去。

薪火相传法宝

"我们的企业目标是'百年五洋'，最起码要五代人。既然要百年，就要用长远的目光来看待任何问题。"王敏其认为，很多问题现在看是正确的，放在长远的角度看不一定正确；考虑长远的决策在实施过程中，有可能在某一个时间节点上看似有失误，但瞄准的目标是远期的，也不一定就是失败。凡事不能急功近利，不能只考虑自己，要一代代传下去。

做好企业，人最关键。说起传承，王敏其笑言自己比较"自私"。"自己干了机械以后，对机械特别有亲近感，从孩子们小时候就慢慢地、潜移默化地让他们也了解一点我们所做的产品，了解一下企业。

儿子女儿都不约而同地选择机械专业，学成后都愿意先回来跟着老爸做这辛苦的传统产业，我还是很欣慰的。"王敏其透露，其小儿子现在才四年级，暑假放假第一天就来办公室学着电脑下单，"我都是在孩子们读小学时就开始思考未来接班问题，就开始有意识地引导他们。"

王敏其认为，传统行业需要不断的技术创新，不断地超越自己、成就客户，但企业搞智能制造不能贪大求快，有实力可以三年干成，如果实力不够也可以五年、十年干成，只要一直在路上，大和小没有分别。

很多企业把对手定义为要战胜的企业，王敏其则坚持差异化竞争。"你强你的，你总有不强的，不强的我来做，我更容易做成功，做成功后对手反过来想做，又很难了。""市场无限大，做好自己，不需要'张牙舞爪'，有本事自然而然会让别人尊重。"这么多年来，五洋跟卡尔迈耶从来没有过口舌之争、专利之争、产品客户之争。

父辈的言传身教，引领着孩子们齐头并进。

王水说，父亲艰苦奋斗、敢打敢拼、冲劲十足、勇于创新的精神一直激励着他。"居安思危，无论市场环境好还是不好，特别是在好的情况下，也在不断地储备我们的技术、储备我们的新产品，所以这么多年过来，市场起起伏伏，外面的企业时好时坏，但是我们一直能够保持着良性发展，这有很大的关系。"

"坚定"和"自强"，是王菡珠对父亲的评价，也是她的行为准则。"卡尔迈耶是百年企业，他们也是从技术积累做起，做了很长很长时间，就像我们这样在各个领域不停地深耕，然后做各种各样不同的测试。为什么我们要去做一些不一定能够成功的事情？因为这是在做测试、做技术积累。不要轻言放弃，要自强自立，把技术、产品、市场掌握在自己手里。"

做高端、绿色和智能经编装备及制品的主要创新者和引领者，五洋已经驶入了传承以后的发展快速通道。看着孩子们一个个摩拳擦掌、虎虎生威，王敏其反复跟儿女们强调他的"乌龟慢慢爬"理论：生存是第一要务，健康地活着，做一只小乌龟。这一路走过来，回头看看一堆"白骨"，不知"死"了多少企业。创业的老板有很多出局的，能够健康地活着就有机会。

记者手记

五洋纺机创造过很多"神话"："天宫"系列上的充电帆板、北斗卫星上的天线、部队用的屏蔽网，都与他们的经编机有关；把纱线放入机器，就能一次性织成衣服、手套、袜子等成品，客户想要什么图案，就有什么图案；2022年底，历经四年研发，又将比利时百年企业范德威尔一家独大的机织装备也做了出来……"智能经编王"王敏其带着他的儿女们，以科技创新为引领、代际传承为支撑，志存高远又脚踏实地，在"百年五洋"的创业路上砥砺前行。

要做出"专精特新"的药品

王耀方（左一）　王轲（左二）

第一个获得国家科技进步奖，第一个创办中外合资生物制药企业，第一个建造国内外规模最大的胰腺两酶生产线，第一个获得欧美国家的产品质量认证，第一个发现胰激肽原酶的新用途——用于糖尿病并发症的治疗，第一个引进海外人才创办中外合资研究院并获国家重大科技专项……千红制药紧跟祖国的改革浪潮，从砸缸转产到破茧成蝶，在掌舵者王耀方的引领下，创造了中国生化制药行业的"六个第一"，参与了多个药品国家与国际标准的制定。2011年2月18日，千红制药在深交所上市（证券代码：002550），上市以来，公司跃马扬鞭，加速发展，成为国内生化制药行业"专、精、特、新"的行业翘楚。

如今，公司正依托常州千红国际生物医药创新药物研发平台，在靶向抗肿瘤药物、基因工程重组蛋白药物等方面如火如荼地展开深入研究，已有5只一类新药进入国内外临床试验，还有若干新药正待批进入临床研究或在临床前的研究中。

数代千红人的团结、奋进、创新精神，铸就了"共同发展、共同富裕"的千红价值观。他们专注生物医药领域，以创新引领核心竞争力，践行着"用心制好药，造福全人类"的崇高使命与责任担当，厚积薄发砥砺前行。

企业史上六大转折

1. 砸缸转产

千红制药的前身是一家厂房简陋、设施陈旧、产品单一、经营处于亏损边缘的作坊式国有酿造小厂。1971年，年仅18岁的王耀方进厂工作，亲眼目睹了前辈们壮士断腕式的改革之举——砸缸转产，"突破旧思维，创出新路子"的理念深入人心。企业转产后，他融入了改革洪流，积极参与药品试制，和团队到全国各地学习，成功研制出人工牛黄、抗菌痢胶囊、多酶片、肝注射液等多种初级生化药品，助力工厂取得了药品生产资质。

20世纪70年代中期，王耀方进入了我国制药高等学府——南京药学院（今天的中国药科大学）深造，师从著名的生物化学制药家吴梧桐教授。在吴教授的指导帮助下，王耀方开始研制具有"血管清道夫"美誉的生化新药——弹性酶，历经数年努力，终于于80

年代中期获得了国家科技进步奖。此外，通过十年的努力，王耀方及所在团队成功研制出肝素钠。肝素钠系列产品属临床抗凝刚需用药，目前千红制药拥有国内最完整的肝素系列全产业链，至今依然是企业的骨干产品，年均销售超十亿元。

2. 中日合资

1983 年，经过省市科技部门推荐，王耀方获得了全省制药行业唯一一个出国研修交流名额，到日本爱知县国立电化制药研究所进行为期一年的研修。第一次出国，第一次坐飞机，从上海抵达日本成田机场时第一次看到高速公路，第一次使用先进的制药装备……

王耀方又一次被震撼了，眼界随之打开。

千红制药厂区外景

"日本拥有先进的技术、设备和现代企业管理经验，我们具备丰富的生物资源和厂房、劳动力，能不能跟日本搞合作，把我们的产品销到国外去创汇？"王耀方在研修期间，一直在琢磨这件事并多方寻找合作对象。

1985 年，王耀方作为项目第一负责人，首创研制成功了新药弹性酶，一举获得国家科技进步三等奖。在弹性酶获国家科技进步奖利好的加持以及各级政府的大力支持下，经过三年的谈判，1987 年 11 月终于成功引进日本丸红、千叶株式会社，在常州成立中日合资"常州千红生化制药有限公司"，这是我国生化制药行业第一个中外合资企业。第一任总经理由日方出任，王耀方任副总经理，参与技术开发和企业管理。

3.改制重组

1997年，王耀方遇到了一个历史难题：当时的厂区有两个企业，一个国有、一个合资。由于体制不同，发展规划、人才利用等资源要素得不到整合，加上两个企业员工间收入差距较大，矛盾突出。王耀方深知：发展中的困难与矛盾，只能用改革的方式解决。他决定采用不死鸟浴火重生的方式，让两个不同体制的企业重组。

在得到各级组织的支持后，他大刀阔斧地进行企业改制重组：2000年，首先将合资公司中50%的国有企业股份拿出来，与老国有企业一起改制重组；2002年，合资公司15年合约到期后，一举收购日方50%的股份，全部改制为民营企业。全员持股，产权明晰，极大地激发了人的积极性，所有制问题的解决为千红日后的快速发展奠定了扎实的基础。

4.股改上市

进入21世纪，我国改革开放步入深水区，企业也逐步从单向生产经营转向与资本经营相结合的双向发展。企业要实现更高层次的发展离不开资本的加持及现代企业治理方式的建立，企业上市成为一条重要途径。"我在日本研修期间，就见识过上市企业的资本运作，早在2000年改制时就为以后公司上市打下伏笔。"王耀方早就在等待这一天。

在他的领导下，企业经过三年股改辅导期，于2011年2月18

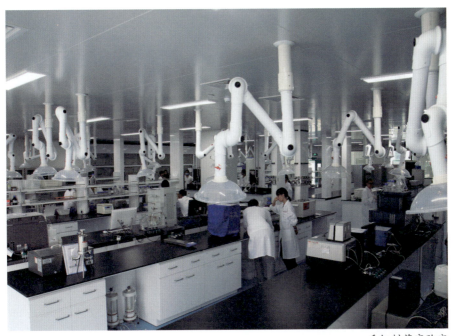

千红制药实验室

日在深交所挂牌上市，募得 12.8 亿元资金，为今后跨越式发展奠定了强大的经济基础。当时全公司 174 名员工全部获得原始股票，千红上市后，员工的个人资产呈几何级上升，十几名高管身家上亿元，中层管理人员身家以千万元计，普通职工也有数百万元身家，真正实现了共同富裕。

5. 新药研发

千红制药上市募得资金后，很多投资人来游说公司投资房地产、金融等多元发展。"有了钱以后做什么？这是一个很重要的决策。不光要看当前的发展，还要看到未来的发展。"又像 40 年前那样，王耀方跑出去学习，请教了许多院士专家、医药界资深人士，了解中国未来的制药发展方向。

当时中国有 5000 多家药企，大量产品重复，而且以仿制药为主，新中国成立以来由国内医药企业自主研发的一类新药屈指可数。未来一定会整合资源，走向集约化经营。有位著名医药专家的一句"未来有一样东西是取代不了的，那就是新药，创新是永远取代不了的"深深地烙进他心里。董事会最后决定：千红不走制药以外的多元化经营之路，专注投入新药研发，为未来核心竞争力奠定强大的技术基础。

2011 年、2015 年，公司先后设立众红及英诺升康两个药物研究院，正式迈向基因工程与肿瘤靶向创新药物的研发征途。同时，研究院与公司成果转化中心、技术质量创新团队形成三位一体的产品研发和成果转化创新体系暨"常州千红国际生物医药创新药物孵化基地"创新平台，并获国家"十二五"重大专项支持。目前，创新平台开展的多个基因重组蛋白药物与靶向抗肿瘤创新药物等研究陆续取得重大进展，已有 5 款一类新药顺利进入国内外临床试验，其中 3 支新药已进入二期临床试验，还有数量可观的系列新药在研。

6. 文化传承

在王耀方眼里，当下正处于千红制药第六个关键节点：企业发展接力的传承与企业文化的传承。

王轲是王耀方的独子，在美国生物学博士毕业后，拒绝了众多国内外科研院所、国际知名药企抛来的橄榄枝，于 2012 年加入千红，并立志将所学所长、青春与热血奉献给千红，将"用心制好药，造福全人类"的千红使命不断传递。他先后担任新品开发部研究员，市场部产品经理，市场部副部长，原料药事业部副总经理、总经理，公司常务副总经理，现任公司董事、总经理，挑起重担，成绩卓越。

"儿子加入千红代表着我们后继有人，随着我们这一辈人慢慢地退出历史舞台，就要把这个领航重任交给我们的下一代。王轲也成为我们企业二代的榜样，不断吸引年轻一代回流，对企业稳定队伍起到了至关重要的作用。"王耀方同时强调，千红是一个智力团队的集体传承，年龄、能力、文化，三要素缺一不可。因此，公司陆续引进高素质人才充实管理和研发队伍的同时，近年来不断加强对年轻人的企业文化熏陶。

王耀方不仅是董事长，还担任公司党委书记，一直推行"诚信、务实、和谐"的千红文化。他指出"诚信"是做人做事的根本，"务实"是做人做事的基础，"和谐"是做人做事的前提，"团结、奋进、创新"更是企业50多年发展始终秉持的企业精神。他和党委成员创造性提出"R-E-D党建工作法"，立足研发核心（Research）、经济重心（Economic）、发展轴心（Development），将党的要求、企业追求、社会需求有机融合，形成了有千红特色的企业党建品牌，已在常州市及江苏省内形成了较大的红色品牌影响力。"我们现在正在做文化的传承，企业文化虽然在短期内看不出什么效果，但是长远来看一定会显现出无与伦比的优势，增强企业的软实力，为企业发展保驾护航。"

儿子加入"如虎添翼"

王轲出生于1983年，是江苏省常州高级中学（省常中）最后一

王淑东教授带领的英诺升康团队

届教改班的学生，2002 年参加高考。当时生命科学实属最热门的专业之一，他考入南京大学生命科学学院生物技术系学习。由于在校期间表现优异，王轲获得本校保送研究生和硕博连读资格，大四时就进入南京大学医药生物技术国家重点实验室（SKLPB），师从重点实验室主任华子春教授，从事抗肿瘤基因工程药物研发以及抗纤维化药物研发。2009 年，他又获得该年度国家留学生奖资助，以联合培养博士研究生身份公派赴美国得克萨斯大学圣安东尼奥健康科学中心，从事白内障形成分子机理及抗白内障药物研发，以优异的成绩获得分子生物学博士学位。

　　学成归来加入千红，王轲立挺父亲做新药。"我是站在研究所历练的基础上，再加上对部分海外市场的了解，认为未来一定是新药的天下。"其实，2011 年千红上市募得资金后最终决定走新药研发之路，当时公司内部还是存在很多不同声音。在全球医药产业界，研究一个一类新药，平均耗时 10 到 15 年，耗费资金 8~10 亿美元。开发新药不仅时间周期很长，投入很大，而且成功的概率很低，可谓"九死一生"。相较而言，仿制药的成功率非常高，当时市场销售也不错，千红内部由此产生了不同的声音。但是王家父子力排众议，坚持搞新药研发。

"因为不是所有人都有行业基础背景和新药专业背景支撑，有时候很难判定这个产品的未来发展趋势，以及引进的人才究竟能不能成功？这时候更需要我们决策者的执着和担当，需要咬定青山不放松的定力。"王轲说，2015 年收购英诺升康、特聘王淑东教授成立小分子研究院时，主要就是他和父亲两个人的坚持。王教授是科学家，光是一类化合物、一种靶点，就研究了几十年。王轲和父亲看中其人品和能力，只花了一个星期时间就完成了收购。如今，千红创新药物赋能后劲十足。

那千红如何上新药？如何提高成功的概率呢？据王轲介绍，首先，通过国内外市场调研，经董事会立项批准，并推出系列候选化合物，这样会增加成功的概率。千红现在就主攻靶向肿瘤治疗和心脑血管重大疾病两类新药。其次，聘请外部的专家成立专家委员会对基础理论、药理毒理、临床应用价值进行评估，判断它的可成药性及临床应用价值的大小。"如通过专家委员会的评审，我们会上一个系列，而不是一个，通过逐步的筛选直到进入临床，最后确定最有希望的化合物。我们的研发团队就要铆足劲全力推进，这样才能把控成功的概率。"

身为二代领航人，王轲的企业管理能力同样优秀。2017年上任总经理一职不久，他就干了两件大事。一是力推人才发展双轨制。千红管理干部分成两条线，一条是行政管理干部，一条是技术管理干部，两条线并行不交叉，每条线上设置若干级别，每个级别匹配相应的薪酬待遇。例如，工程师相当于中层干部的待遇，资深工程师与公司高管待遇相当。新政甫一推出，就有人直接要求从行政管理岗位转到技术管理岗位。此举极大地调动了从事生产技术、技能工作员工的积极性。

第二件事是在父亲和董事会的支持下，连续启动股权激励，不仅面向中层以上干部，还有更多的基层管理者、公司工匠。像父亲一样，王轲认为一定要舍得掏出真金白银，把股权激励不折不扣地推行下去，不断完善利益共享机制，建立公司"命运共同体"。

"不要什么事都亲力亲为，最好的管理者是一个任务来了能够拆分好，挑选每项子任务最适合的人选。这个人适合做什么事情，就把他放到合适的位置上，给他匹配资源，支持他把这件事做成，最后给他一定的表扬和奖励，让他实现自身价值。"王轲认为，千红的股权很分散，不是家族企业，而是一个团队式的、未来面向新时代的创新型企业。"我们尤其看重核心团队，按照大家共同努力、共担风险、共创繁荣、共享富裕的模式来走，未来企业才能走得更稳健、更长久。"个人的管理魅力让王轲在千红"圈了不少粉丝"，很多年轻人愿意跟随着王轲一同成长、扎根千红。

千红制药生产车间

家庭熏陶一脉相承

王轲在干事创业成长路上，深受两位企业家的影响。第一位就是自己的父亲王耀方。

"父亲一是对工作认真负责，二是一直在学习。我读中学时，父亲在读 MBA，在备考执业药师，我们在一间书房里，我读我的书，他读他的书，这就是最好的、润物细无声的、潜移默化的言传身教。"王轲说，好孩子一定不是逼出来的，更多得益于父母的言传身教，一个家庭的氛围如果足够好的话，孩子一定不会差。王轲还在读高中时，父亲就经常和他聊天下大事，在日常生活中锤炼儿子的判断力。另外，父亲在创业路上的执着与坚守也深深地影响着他。

华为的任正非，是王轲心中另一位特别敬重、特别钦佩的企业家。任正非早年也是做代工起家的，后来自主研发搞创新，发展过程也异常艰苦。他曾说：时间会回答一切。如果没有任正非的定力和坚守，早早放弃了创新，就没有今天的华为。"任正非仅持有华为1%的股份，华为的核心管理层都是持股的，为什么华为每当面临危机时都能爆发出强大的生命力和动力？这种持股模式也在发挥积极的作用。这也是我和父亲一致的观点。所以我们上市之后，会经常进行配股，实施股权激励、员工持股计划。"

谈及企业二代接班人的话题，王耀方强调主要考察三点：第一点，要"愿意"做这个事情；第二点，要有事业心和上进心；第三点，在事物的分析判断上要"拎得清"。王轲通过10年的锻炼，从基层一路成长做到总经理，如今已基本负责公司日常经营了。此外，王耀方还特别提及，公司大股东、高级管理者要做到人品持正，尤其要自律，他对这点非常看重。

在王耀方眼里，"接班人"不是一个人，而是一个团队，他非常重视团队建设。千红的高管都是技术出身，团队里有五名博士、六七名硕士，为了提高他们的管理能力，最近企业出台了一项政策：所有的高管都要接受MBA培训，培养复合型人才。

"药与老百姓的生活息息相关。"王耀方有自己的宏愿，他说："说起深圳，人们就会想到华为、比亚迪、腾讯。我希望有一天说起常州，老百姓能想起千红。"

王轲的创业目标与父亲可谓一脉相承：人们提起辉瑞就会想到伟哥（万艾可）、立普妥，谈到赛诺非就会想起氯吡格雷，希望有一天，提起千红就能想起某个药，说到某个药就能想起千红，我们要做出全世界知名的药品。

　　千红制药坚持新药研发十余载，坚定投入十几亿元，执着地走在"专精特新"的创业路上。"天道酬勤。我们相信，最后时间会证明一切。"

　　医药关系着国计民生，联系着千家万户。自投入医药行业以来，王耀方带领千红人秉持"用心制好药，造福全人类"的崇高使命，深耕生物医药领域，大胆开拓，奋力进取，勤奋务实，以实际行动践行"以高新技术为先导、以高质量为根本，向社会提供优质的产品和服务"的企业宗旨，在生物制药领域逐步成就了"无边风景一时新"的"千红现象"。在这片大好春光中，随着"绩优生"王轲的加入，更显现出勃勃生机。奋进路上，两代企业家的精神相继、价值相承、携手奋进，正为千红"专精特新"之路注入更强活力，带来更大的底气，描绘更美的未来。他们用心点燃、全力传递的"薪火"，也必将引领千红人，为"健康中国"贡献更多的力量。

溧阳市欣龙生态农业发展有限公司　孔云龙　孔霄远

因情怀，而欣荣；因携手，而兴隆

孔云龙（左一）　孔霄远（左二）

2016 年夏，孔霄远顺利完成南京林业大学硕士研究生学业。毕业典礼次日，孔云龙特地抽出半天时间，去学校接儿子回家。返程途中，孔云龙琢磨着儿子的下一步该怎么走？但他实在开不了口，让孔霄远回欣龙生态园工作。他想，这份又苦又累的活，身为机械电子专业研究生的孔霄远能接受吗？在车上，孔霄远却主动打破沉默："爸爸，我已经想清楚了，我要到欣龙上班。"这个让孔云龙意外的决定是孔霄远深思熟虑的结果。不久前，孔霄远已主动放弃一家知名外企的邀约，决定跟随父亲的脚步，在家乡的青山绿水中干出一番事业。

从红色原乡到绿色山乡

孔云龙的老家在溧阳市后周镇，这是一片真正的"红土地"。1941 年，著名的塘马战役在此打响，新四军十六旅全体官兵与日寇殊死较量，旅长罗忠毅、政委廖海涛和 270 多名战士血洒塘马，在抗日战争中留下了可歌可泣的光辉一页……新中国成立后的第三年，孔云龙就在这片热土上呱呱坠地。他说："我生在新社会、长在红旗下，从小就听着革命先烈的故事长大，也在心中早早种下了'听党话、跟党走'的种子。我个人的成长和奋斗沐浴着党的光辉，我也始终相信党、相信国家、相信政策，跟着国家往前走。"

初中毕业后，孔云龙就到生产队参加劳动，他从农技员开始干起，为人踏实，又善于动脑，成了生产队中人人看中的好后生。1974 年，在乡亲们的推举下，孔云龙光荣入党。1978 年，开始担任塘马大队大队长，1979 年，又担任塘马大队书记。这片红土地上的乡亲，给予了他最大的信任，他也不负乡亲的嘱托，凭着农村青年特有的质朴和勤奋，在带领乡亲追求幸福的道路上奋力笃行。

改革开放后，国门打开。一方面，白厂丝、大米、棉纱、晴雨伞、丝织地毯、服装和阀门成为溧阳出口创汇的"七朵金花"；另一方面，随着家庭联产责任承包制的推行，一大批劳力挣脱土地束缚，富余劳力特别是女性劳动者，急待寻找新的就业门路。后周镇领导看准国际市场需求和国内改革大趋势，果断决策重点发展劳动密集的外向型企业，创办后周工艺地毯厂。地毯厂起初发展得并不理想，1987 年，孔云龙作为乡村能人被镇里相中，被委以厂长重任。

他上任后，针对生产外贸产品的特点，把争创优质产品、革新技术、降低消耗、提高经济效益作为治厂宗旨。在全厂实行每道工序定额责任管理制，道道把关，一着不让，每道工序完成后进行严格的质检，从而保证了产品质量。织造车间的生产情况对地毯产品的质量举足轻重，孔云龙就指定一名副厂长着重抓这个生产环节的产品质量。同时，他把具有初级技术职称的技术人员分到各车间担任车间负责人，组成了一支懂技术会管理的骨干队伍。在孔云龙精心管理下，后周工艺地毯厂产品质量大大提高，成为上海外贸的香饽饽。产品跨洋过海，打开了国际市场和农民致富的两扇"大门"。仅仅用了两年时间，至 1989 年，地毯厂已拥有职工 250 名，固定资产 80.73 万元，产值达到 350 万元，实现利税 44 万元。产值、销售、效益达历史最高水平。孔云龙被评为"优秀乡镇企业家"。

1992 年初，邓小平视察南方的谈话犹如一股暖流，冲淡了早春料峭的寒意。也就是在这一年，溧阳市拉开了声势浩大的农业综合开发、旅游业开发、边界商贸开发、工业与开发区开发"四大开发"的序幕。孔云龙说："我是农民，始终对土地怀有感情，坚定地希望带着乡亲发家致富。"为了这个朴素的梦想，他不仅带领乡亲们在丝织地毯领域赢得国际市场一席之地，也抢抓国家建设红利，在建筑工程领域闯出一条大路。

2005 年，随着天目湖大品牌的形成，溧阳致力整合生态资源，拉开了"一湖两山"大旅游的开发序幕；与此同时，通过提升景区、完善旅游要素、凸现生态特色，实现了观光产品向休闲度假的转型升级，一批旅游农庄由此异军突起。已过知天命之年的孔云龙，内心"青山绿水"的梦想被激活了。在家人的支持下，他逐步放下手上的工程生意，在天目湖和南山景区之间选定一块"别人看不上的山陵丘地"，开启自己"自寻苦吃"的创业。

回忆创业之初，孔云龙至今仍然感慨万千："那真是在一片石屑砂砾和野草杂木中搞建设，又苦又累。2006 年，股市很好，很多老同行说，老孔，你是作茧自缚、自划牢狱。'欣龙'东不靠南山竹海，西不靠天目湖，为什么要在这里投资？想不通你搞这个干什么？又累又难赚钱。还不如拿钱去炒股来得自在！但我不这么想。一方面，我对乡村生活有感情，另一方面我想，社会在发展，需求也会多样化，人们越来越追求生活质量，绿色、休闲、放松的农庄肯定会有前途。既然我有乡土情怀，既然到了这块土地，那就不要患得患失，既来之则安之，要回归本心、实现梦想，为当地创造价值。"

2007 年，欣龙生态园正式开门迎客，但起步维艰。"最早，我们养了几百只鸡，每日生几十个鸡蛋，但因为资金紧张，自己也

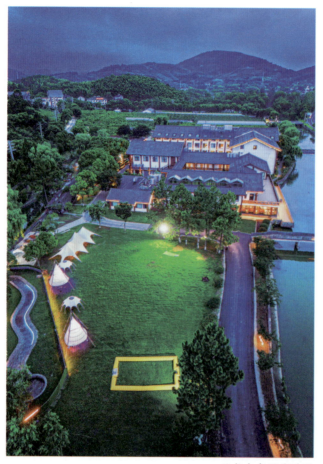

欣龙生态园俯瞰图

舍不得吃，鸡蛋存到一定数量，都送出去卖。即便如此，因为没有存放经验，还有一些鸡蛋坏了。但我坚持诚信，坏的鸡蛋双倍偿还，同时学习如何更好地饲养和储放。"孔云龙说，"农业是长效投资，前期规划、开发非常费神、费时、费力，资金投入很大，压力也大，产出效益却需要相对漫长的过程。它不可能暴利，也不可能一夜暴富，所以一定要沉得住气。如果没有一个好的心态，肯定做不好。"他的目的很明确，再苦再累，自己选定的路就要坚定地走下去。一是为带动一方发展做点实事；二是要让游客来了有一个舒心的环境，生态园里环境优美，鸟语花香，静下心来喝喝茶、钓钓鱼、会会友，还能吃到安全放心的绿色食品；

三是慰藉自己始终深藏在心中的乡愁乡情。

正是有这样一份情怀、有这样一个好的心态、有这样明确的目标，孔云龙在别人看起来很艰难的路上不急不躁、稳步笃行。他以山养山，长短结合，将长效的茶叶种植与短期有收益的果树栽培、家禽饲养结合起来，保障欣龙生态园可持续发展。这几年，游客对农庄游的要求变得更高，最好既物美又价廉，但人工成本逐年上涨，这是一对矛盾，怎么办？孔云龙认为压力再大，安全不能忘、品质不能丢，这是生态品牌立足的根本。凭着这份笃定和诚信，欣龙生态园的路子越走越实、越走越宽，现已发展成为集生产基地、科技服务、产品加工与销售、休闲观光于一体的农旅融合企业。2023 年，光白茶一项，预计可实现销售收入 2000 万元。

从"孤行者"到父子兵

孔宵远出生于 1992 年，这年是邓小平同志视察南方发表重要讲话、掀起中国改革开放新一轮大潮之年，也是天目湖旅游景区开发建设的元年。父亲孔云龙满怀激动，给孩子取名"宵远"，希望他"存云霄之志，行远自迩"。

小时候，虽然父亲很忙，但母亲的关爱时刻陪伴。孔宵远不负父母期望，从小品学兼优，一路读到研究生。大学期间，他心疼父母的辛劳，寒暑假期间就到生态园帮忙。从开车送货到做园区导游、接待客人，他样样都做得好，成了欣龙的编外员工。所以他认为，2016 年研究生毕业后回到欣龙，和父亲一起创业不是一时兴起，而是自己深思熟虑的结果。"毕竟自己受到父母影响，对生态农业逐渐产生兴趣；另外，父母年纪大了，这个摊子总要有人来接。特别是生态农业和以前比有很大不同，欣龙是个不错的平台，年轻人能够在这个平台上发挥更大作用。"

回到生态园后，孔宵远先被父亲安排到养鸡场之后，又被调到果园种树。泥里来水里去的"下放"体验没有吓退"白面书生"，父亲心里有底了。不久后，由欣龙生态农业有限公司投资的江苏沁谷南山度假酒店项目启动，孔云龙让孔宵远一步到位，担任酒店董事长，直接把担子压在了他身上，这对于一名"90后"来说，是挑战，更是一次全面检验。

孔宵远说，欣龙的发展是一步步走出来的。酒店项目投资大、风险高，这个项目如果做不好，欣龙多年的心血可能就付之东流。作为董事长，他感受到肩上沉甸甸的担子。但是，父母和妻子的支持和信任给了他底气和勇气。从2017年开始，他就全力以赴投入酒店的装修和团队组建工作，在"挑起重担往前赶"中体会创业的艰辛，也收获发展的快乐。特别是在2021年这不同寻常的一年里，新冠病毒卷土重来，台风"烟花"肆虐，欣龙遭遇严峻考验。7月26日，受台风影响，一时间风雷滚滚、大雨倾盆；27日，强暴雨继续肆虐，沙河、大溪水库水位全部超过历史极值。刚刚完成装修、盛装开业的沁谷南山度假酒店被肆虐的洪水破门而入，酒店一层的水位高及成人胸部。这一刻，孔宵远感觉"天都要塌下来了"。但是，父亲在他最困难的时候像山一般挺立在了他的身后，父子联心，带动员工抗洪重建，恢复经营。"幸亏有父亲，让我学会面对困难，也勇于破解困难，顶住压力往前走。"

霞照欣龙

现在，孔宵远不仅是欣龙生态农业发展有限公司总经理助理，同时担任溧阳沁谷南山酒店有限公司、溧阳欣龙管理咨询有限公司、溧阳市溧城欣悦品茶业经营部等公司法定代表人。6年的锤炼、6年的实战让他迅速成长，成为父亲的最佳搭档。

谈到传承，孔宵远说，6年的耳濡目染，父亲身上四点特质让他备受感动，也深受启发。一是坚持不懈、持之以恒的韧劲；二是敢于突破传统农业局囿、善于创新的匠心；三是干一行像一行，乐于学习的发展精神；四是不怕苦、不畏难的敬业精神。"这些品质和精神，父亲从来不会放在嘴上讲，但他的实际行动就是最好的教科书。"当然，父子间也会有冲突、有矛盾，"但是任何问题，只要双方多交流、多换位思考，就能找到最佳解决方案"。

父亲是儿子的"榜样"，儿子是父亲的"底气"。这一份默契，成了欣龙健康发展最强的动力。虽然山还是那座山，水也还是那道水，然而，父子同心却使山水有了截然不同的价值。如今的欣龙生态园，占地面积1500亩，园中小桥流水，瓜果飘香，茶香四溢，生态环境宜人，山水相映成趣，风景如诗如画。特别是1000多亩的白茶基地，成为欣龙"以山养山、长短结合"发展之路上的神来之笔。

白茶是溧阳极具代表性的地方特色产品。在孔云龙和孔宵远这对"父子兵"的努力下，欣龙生态园坚持生产、生态和生活的有机融合，持续放大白茶产业、自然山水和生态旅游资源优势，让"小茶叶"成了带动生态农业发展的"金叶子"。2021年，孔云龙和孔宵远商量，要继续扩大白茶的产销规模，并提档升级，建设新厂房，投资预算高达1000多万元。面对当时新冠疫情反复的现状，孔宵远曾一度犹豫。但最终，他选择坚定地与父亲站在一起。"父亲在投资上有远见、发展上有创见，我完全支持父亲的决定。"因为这项投入，欣龙的茶叶品质登上新的台阶，规模化、品牌化效应持续放大，"极白一号"等品种成了溧阳白茶的标杆，白茶年产值已突破2000多万元大关。与此同时，孔宵远主管的酒店项目、拓展基地项目推进得有声有色。酒店客房、树屋、餐饮别具特色，健身房、儿童乐园、亲子泳池、书吧、茶室一应俱全，既可满足高标准住宿、休闲、团建、拓展、垂钓等多种需求，还能尽得环茶山漫步、采摘和农家土灶等野趣，走心的"沁谷"在竞争异常激烈的市场中毫无悬念地"走红"，成了溧阳一号公路旁又一热门"休憩地"。

从独乐乐到众乐乐

作为孔氏家族后裔，孔云龙始终将"诚信与共享"作为自己的创业准则。他的以身作则也深深影响了孔宵远的价值观。

对于诚信，孔子有言："言忠信，行笃敬，虽蛮貊之邦，行矣。言不忠信，行不笃敬，虽州里，行乎哉？"孔云龙视诚信为立身之本和兴业之基，绝不容半点马虎。

为保证产品质量，他坚持每天亲自巡视茶园、果园。在他的严格要求下，欣龙在管理上严格把关，严格按照无公害绿色食品的要求进行农业生产。白茶采摘时，严格要求一芽一叶，长度不能超过2.8

欣龙生态茶园

厘米，保持大小条形均匀，不符合要求的一律舍弃，制作上坚持清洁化生产，道道工序严格把关，使生产的白茶在各方面都达到了极致。孔宵远深受父亲影响，秉信而行，扛起担当。作为生态文旅的新标杆，3年疫情，给欣龙带来不小的影响。孔宵远却很自豪地说："疫情期间，在巨大压力下，我们没有懈怠，而是不折不扣地扛起了企业的社会责任。虽然客流严重不足，但我们没有裁员降薪，而是继续发全额工资。同时，我们逼着自己进步，加大培训力度，开展团队学习，提升管理能力，团结在一起，为疫情后的发展打基础。"

对于分享，孔子思想的继承和发展者孟子有句千古名言："独乐乐不如众乐乐。"孔云龙和孔宵远父子对此深有认同，始终践行。

2005年，在欣龙生态园规划之初，孔云龙就对周边村民说："我是来和大家一起搞建设的，生态园创建后，大家的生活一定会越来越好！"孔云龙没有食言。他带动村民致富，生态园常年聘用农民工200多人，小工收入从2006年的25元每天提高到现在的150元每天，大工还要更高。同时，他还将沙梨、黄桃、葡萄等新品种的种植技术分享给周边农户，直接带动500多户农村家庭创收，增加农户收入；他支持农村公共设施建设，十几年来不断投入，筑坝、修路、造桥，造福一方百姓。仅2023年上半年，就投入500余万元，为周边村民铺设自来水管道，一举解决了山区百姓长期吃不上自来水的问题；他关心孤寡老人的生活，逢年过节都会带着孔宵远到当地敬老院看望老人，为他们带去欣龙的新鲜瓜果，送上节日祝福。2020年，孔云龙被评为"常州好人"。

"我做了一个平台，今后靠下一代创新发展。"在孔云龙构想中，未来的欣龙将进一步向农业现代化靠齐，在智慧农业、机械化农业绽放新花，在带动村民共享共富中结出新果，在社会主义新农村建设中渲染新彩。在这幅未来画卷中，年轻的孔宵远将如何展卷构画、赋色添彩，不妨给他一点时间，静待花开！

记者手记

青山绿水就是金山银山，欣龙生态园的发展就是一个好例子、一个好见证。欣龙生态园用多年的实践证明，美在高高飘扬的党旗里，美在绿水青山的生态里，美在创新发展的步履里，美在薪火传承的接力里，美在广大村民幸福洋溢的笑脸里……欣龙生态园也用实实在在的成绩证明，老一代企业家和年轻一代接力者没有不可逾越的"代沟"，没有难以沟通的"难题"，只要两代人咬定青山，齐心协力、同向而行，就能在发展之路上让"孤行者"成为"双剑客"，从"独乐乐"走向"众乐乐"，共同构建思想有共振、精神有共鸣、情感能交融、理想有赓续的美丽图景，打造有活力、有生命力的"最美风景"。

征程万里风正劲　重任千钧再奋蹄

尹国新（左一）　尹家豪（左二）

2023 年常州海关为晨风集团签发了江苏省首份 RCEP 项下输菲律宾的原产地证书，引发媒体争相报道。根据《区域全面经济伙伴关系协定》，晨风此次出口货值 1.48 万美元的男式衬衫可在菲律宾享受零关税待遇。据悉，晨风今年共申领了 RCEP 原产地证书 300 余份，签证金额逾 5000 万美元，再次迈出了开拓新世界和新视野的一大步。

晨风集团股份有限公司创建于 1967 年，从生产加工丝绸服装起步，专注服装行业，产品远销日本、美国、英国、法国、德国、意大利等国。目前，集团拥有金坛、昆山、宿迁、泗洪、泗阳五大服装生产基地，常熟、宿迁两大麻、棉类纺织生产基地，西文、社头两大辅料生产工厂，实现了服装品类及产业链全覆盖。

民营经济是推进中国式现代化的生力军，是高质量发展的重要基础，是推动我国全面建成社会主义现代化强国、实现第二个百年奋斗目标的重要力量。50 多年来，作为中国服装生产、出口企业的优秀代表，晨风集团在打造自身实力与肩负行业责任方面都起到了表率作用。如今，在"以国内大循环为主体，国内国际双循环相互促进"的新发展格局下，晨风集团积极响应"中国制造 2025"号召，引进智能吊挂流水系统，并投入 PLM 产品研发系统、供应链系统、MES 生产制造执行系统等应用系统，不断升级产能及产值。

走进晨风总部，这里湿地环绕、绿树掩映、群鸟栖息，仿佛世外桃源。这静谧秀美的风景之下，一场由传统制造企业主动发起的升级转型与文化变革正在上演。在企业创始人尹国新和接班人尹家豪之间，传递的不仅仅是经验与产业，更是颇具奉献意识的企业家精神与企业家视野。晨风，作为中国服装制造头部企业，历经半个世纪，始终孜孜以求，从一根纱线到一件衬衫，向世人展现着中国制造的极致之美。

初露头角

1967 年，7 个小裁缝带着自家的缝纫机，在街镇上成立了缝纫合作社。顾客拿着衣料、衣样来加工。这间最初的"高级定制"作坊便是晨风的前身江苏省晨风丝绸公司最初的雏形。几年后，17 岁的尹国新以学徒裁缝的身份加入。那个年代，乡镇企业都是平房，屋顶由铁制人字架搭建而成。时间一长，锈块时常落下。若是落在缝制的服装上，那就成了一件次品。大家习以为常、熟视无睹的事情，落在尹国新眼里成了责任。他趁周末休息空隙，自掏腰包买了油漆爬上屋顶，先用砂纸打磨掉铁锈，再涂上防锈漆。一个举动就大大降低了生产次品率。就这样，本着做一份工作就要做到最好的气性，尹国新从缝纫工、供销员、科长，一路做到副厂长，属于他与晨风的命运齿轮就此开始转动。

1988 年，24 岁的尹国新当上了金坛县丝绸服装厂（后改为江苏省晨风丝绸公司）的厂

长。伴随改革开放，市场一派勃勃生机，年轻气盛的尹国新一上任就提出了未来 30 年规划。"我第一个 10 年计划是'做大'厂子。当时把'做大'想得很简单，就是做 1000 万件衣服、1000 万米面料、1000 万套床上用品。"理想丰满，现实未必。由于生产能力有限，计划走到第 7 年时，尹国新主动关闭了床上用品生产线。待到 10 年

晨风集团厂区外景

期至，因为缺少订单，面料只做了 600 多万米。只有服装超额完成目标，做了 1640 万件。失败在能力者眼里只是经验的积累。尹国新当机立断放弃床上用品和面料加工业务，以"打造中国最有竞争力的服装缝制工厂"为口号和目标，带领晨风专注于服装代工领域。"当时许多员工给我打电话、发短信，说我们既然有这么好的生产体系，为什么不创建自己的品牌。这样就不是仅仅赚取低廉的加工费了。"感动之余冷静下来的尹国新思来想去，还是坚持晨风应该专注于代工，"我一个个地感谢员工，并且一个个地认真回复，告诉他们我们目前还不具备这个实力，等条件成熟了一定会有自己的品牌。"

在这段时期，尹国新不仅确定了服装加工这一企业主要发展方向，还制定了企业集团化、生产规模化、经营国际化的发展战略。让产品走出国门也在他的宏伟蓝图里。1989 年，尹国新带着团队第一次远赴美国，迎接他的却都是闭门羹。"当时那些老外根本不理睬华人客商。现在我们能平等地坐下来谈生意，真是不容易。"

回忆往昔，尹国新感慨万千，是祖国的繁荣强大为民营企业撑起了发展的脊梁。1992 年，江苏省晨风丝绸公司改制，"晨风江苏"正式诞生。此时，国家允许有条件的企业自由出口，这让一直跃跃欲试、力图打开海外服装代加工市场的尹国新一下子兴奋了。名额有限定，企业间竞争激烈，晨风凭借过硬的实力争取到了宝贵的名额。当看到国家下发的通知上写着"关于晨风等 11 家企业……"时，时任晨风江苏总经理的尹国新激动得久久不能平复心情。1992 年 9 月批准，10 月尹国新就踏上了征战欧洲市场的道路。作为第一批自营出口业务的民营企业，彼时国内鲜有同等实力的竞争者。尹国新带着几个留学生撸起袖子就开干，订单像雪花片一样飘洒而来。尹国新挑选了男女衬衣、外套、运动装、女士时装4个产品，希望从品质、服务、价格等方面做到放诸世界仍旧最有竞争力。"中国服装出口百强企业""中国服装出口免验企业""中国服装行业优势企业"……与荣誉接踵而来的是众多国际知名品牌投来的合作邀约。至此，晨风在国际服装加工领域彻底站住了脚跟，成为中国制造业在世界上树起的一块招牌。

自17岁参加工作，从乡镇服装厂最基层的缝纫工做到行业的领军人物，尹国新倾尽近40年的努力深耕纺织服装产业，将个人轨道融于企业、行业的共同成长，用自己的奋斗坚守与锐意进取铸就了晨风集团的坚实基础，实现了飞跃式发展。

厚积薄发

随着越来越多的企业进入市场，洪水开闸般的竞争愈演愈烈。一些同行去了海外发展新兴市场，一些同行走起了价格竞争的道路，还有一些直接转行不干了。尹国新响应党的号召，坚守本土制造出口。他坚信，一丝一线也能开辟高质量发展之路。

2003年，因为公司内部调整，尹国新带着600万元与2600位员工远走昆山再次创业，正式开启属于晨风的新纪元。最艰辛的时候，尹国新吃饭就是煮四个鸡蛋，蹲在工地凑合一口，体重从122斤降到106斤，最瘦的时候只有95斤。"那时候脑子里只想着工作，根本顾及不到日常生活，一心只想把企业做好。"尹国新说，当时自己身上承担了许多责任。皇天不负有心人，昆山工厂在一年内就初

晨风集团打样中心

具规模，尹国新又重回金坛办厂，并逐步开始在宿迁、常熟等地布局大型生产基地。

面对国际整体经济环境的持续低迷和市场发展的新趋势，晨风紧扣产品品质和生产效率以及快速反应能力，从战略上完成了布局和调整。2014年晨风进行全品类调整，仅仅用了2年时间，晨风就成功实现了除正装西服以外的产品品类全覆盖。在金坛、昆山、常熟、宿迁、泗洪、泗阳六大生产基地的基础上，晨风形成以金坛（华城、金城）、宿迁、泗洪、泗阳为主体的单品类工厂，以及以金坛（石桥）、昆山为代表的全品类工厂组合发展模式。单品类工厂追求规模化与成本优势，全品类工厂强调快速反应与全品类覆盖。与此同时，晨风还通过收购和新建的方式将产业链向两端延伸，不仅建立了服装检测中心，还建立了棉、麻面料领域的生产工厂，并与香港企业合资设立服装辅料生产工厂。到目前为止，晨风共有12家工厂，其中8家缝制工厂、2家面料工厂和2家辅料工厂，以及2个服装开发中心、1个面料开发中心和1个辅料开发中心。8家缝制工厂中2家是全品类工厂、6家是有针对性的生产工厂，可实现除皮草和男式正装西服（职业装）之外的全品类生产，日产量为25万件左右，2家麻类和棉类面料工厂主要是配合客户和新产品的开发，以及实现小批量、快速反应的生产。2家辅料工厂，主要生产织唛、印唛、RFID及包装类产品以及负责电脑绣花、绗棉、压褶、压印等二次加工。目前除了纽扣和拉链，其他辅料基本上都实现了自主生产。

渐渐地，国内与欧洲市场不能再满足尹国新的布局，晨风开始尝试拓展日本市场，开启了与优衣库的合作佳话。"当时和优衣库、Zara、H&M都有合作，但是后来我选择了优衣库作为长期合作伙伴。一是因为我的理念与柳井正社长十分契合，优衣库的'Made For All'（造服于人），从小理来说就是做大家喜欢的衣服，从大的方面来讲就是设计生产对子孙后代负责的产品。二是因为优衣库生产高性价比、高品质的产品，而晨风的精益生产能够保证服装的细节品质。"如今，晨风集团已经是与优衣库合作了30年的重要生产合作伙伴。几年前，优衣库创始人柳井正参观晨风集团时还高度赞赏了晨风技术打样中心对接客户的快速反应能力、面辅料开发服务及齐全的配套设施。

2016年年初，晨风集团的口号由沿用了30年的"打造中国最有竞争力的服装缝制工厂"变为"打造中国最有竞争力的纺织服装产业链"。几字之差，折射出企业发展的巨大变化。晨风在短短数年内完成了转型升级，实现全产业链覆盖，年产服装数量7000万件，员工人数达1.6万余人，纺织服装全产业链版图正式落成。

守正创新

2017年，尹国新23岁的儿子尹家豪留学归国，正式接管集团公司生产经营业务。

据相关报道显示，在跟踪全球企业营收规模在50亿元以上的企业家时发现，能够从"一代"手里稳稳接过接力棒将企业传承下去的"二代"，其所凸显的往往不是顶层设计、战略管理或是技术创新上的能力，而是企业家精神、企业文化和一呼百应的领导魅力。尹家豪在传承的基础上不断寻求创新突破，以工匠精神领航逐梦之路。面对"二代"接班，尹国新是接受的、豁达的、认可的。"对现代企业管理，我不如年轻人。他们做企业不像我们凭感情、凭热情、凭责任，而是用企业制度和规则。企业交给他们是大势所趋，他们更了解市场、了解当下。"

从中学开始，尹国新就有意识地让尹家豪接触公司。尹家豪的暑假、寒假基本都是在工厂度过的。跟着父亲了解一线岗位、参与各项工作内容，早上6点到工地、8点到公司，一忙就是到半夜。在尹家豪的记忆里，自己放假时起床时间总是比上学起床还早。更令他印象深刻的是，这点滴时光中父亲对工作的精益求精以及对服装行业的深沉热爱。长期积累的丰富实战经验让尹家豪在正式进入企业后能够迅速从学生思维切换到企业家思维。如果说，尹国新通

晨风集团面料厂区内景

过自己的魄力、眼光与卓越的个人能力，成为打造晨风版图的开拓者与先驱者，那么尹家豪就是统一了内部管理流程、绘制了企业发展时刻表的守护者。正是他的管理推动了晨风的稳步前行。

尹家豪在继承企业传统优势时更注重企业转型升级和智能制造的发展。晨风集团先后引进千余台（套）自动化、智能化设备，建立车间级工业互联网，全线构建智能吊挂流水系统，并规划建设电商智能配送中心，服务于晨风及客户品牌销售，有效降低中间投入成本，大幅增加制造业产品附加值。晨风因此荣获"中国服装行业科技进步奖"等多项荣誉称号。

尹家豪谦逊低调，但遇到国际相关发展论坛等活动他都愿意为之奔走。"我希望以晨风的努力推动扭转国际上对中国服装制造业的刻板印象，创造、提升更多的原创平台。"他一方面大力加强校企合作，扶持优秀独立设计师，为行业发展蓄积坚实后备力量；另一方面积极推动行业交流，与中国服装协会成立优质供应商联盟，打造交流互动平台。2019 年 3 月，晨风与中国服装协会成立了优质服装制造商联盟，汇聚了 170 多家中国优秀纺织服装生产商。晨风加大创意设计平台的建设力度，通过与北京服装学院、东华大学等国内外知名服装院校以及行业协会的合作吸引人才，提升行业原创能力。目前，晨风已拥有三个自有品牌：一是和吕燕合作的轻奢品牌 Comme Moi，凭借国际超模吕燕的影响力和优质的产品，品牌近几年在业内取得不俗的业绩，发展势头非常好；第二个是 Xcommons，此品牌结合上海时装周，为独立设计师提供产品的推广、销售、订货服务，同时借助 showroom 平台，为独立设计师打造直接面向消费者的展示、销售渠道；三是柏明（blooming），也是利用独立设计师平台，提供高性价比、有高级感的大众产品。"我们还将进一步丰富品牌合作模式，计划未来 3 至 5 年再新增服装品牌 1 至 2 家，形成我们自主品牌的良性发展梯队，做成中国人喜欢的有价值的品牌。"

可持续发展

尹家豪非常注重企业的可持续发展与绿色生态属性。晨风的工厂实现内部废水循环使用，安装使用屋顶太阳能，除供给自身使用，多余清洁电能输送至国家电网。尹家豪还致力于推动和引导重点价值链伙伴和利益相关方共同应对气候变化，开展低碳创新活动。2019 年 8 月，晨风加入中国纺织工业联合会社会责任办公室发起的

"时尚气候创新 2030 行动"，启动"气候领导力项目"，成为签署联合国气候变化框架公约（UNFCCC）《时尚产业气候行动宪章》的首家中国制造企业，提出 2030 年实现企业自身减排 30%、2050 年实现企业"碳中和"的目标，以切实行动推动时尚产业向绿色低碳转型。2020 年 9 月，中国首个《可持续时尚践行者名录》正式发布，由业内三大权威机构中国服装协会、中国纺织工业联合会社会责任办公室、WWD China 联合 12 位专业评委共同评选裁定，晨风获评"2020 可持续时尚践行者"最高奖项。同年 10 月，晨风又获得了绿毯时尚（GREEN CARPET FASHION AWARDS）"可持续生产奖"。今年 8 月，纺织企业碳排放会议启幕，晨风是 15 家参与标

晨风集团面辅料仓库展厅

准设定单位之一，"3060 行动计划""可持续发展创新中心""零碳工厂""纺织行业服装面料重点实验室"等均设置在晨风集团。

迎风而上，踏浪前行。2023 年，《中共中央 国务院关于促进民营经济发展壮大的意见》《关于实施促进民营经济发展近期若干举措的通知》等诸多重磅政策相继出台，对促进民营经济发展壮大作出新的重大部署，进一步稳固了民企外贸主力军地位。在尹国新、尹家豪父子看来，现在的氛围有利于有竞争力的企业更好地生存和发展。在中国共产党的坚强领导下，最优秀的、最有竞争力的企业就是要拼实力走出去，中国在全球最有竞争力的传统行业就是纺织业。与此同时，有越来越多像尹家豪一样的常州青年企业家正深耕常州，他们敢开拓、有情怀，心无旁骛做实业，脚踏实地谋发展，为常州现代化建设走在前列注入澎湃动能。

记者手记

从一家小裁缝铺到实现服装品类及产业链全覆盖的中国服装生产、出口标杆企业，晨风集团在过去近 50 年的历程中，走出了民营企业高质量发展最理想的样子。在访谈中，尹国新和尹家豪父子之间的彼此聆听、互相尊重给记者留下了非常深刻的印象。创业有创业的险，拓业有拓业的难，或许只有对这个行业饱含深情、对纺织业所代表的中国传统产业发展的敬畏，才能不忘本心、始终如一地坚守。征程万里风正劲，重任千钧再奋蹄。如今着眼绿色发展、个性设计、平台打造的晨风，不仅仅在谋眼前，更是于更广阔的领域中谋未来之新征途。

"青蓝"合力　展卷"只此青绿"

史国生（左一）　史天翔（左二）

走近天目湖，碧蓝的水、苍翠的山、赭黄的湖岸在淡淡的云气中晕开，若隐若现，浓淡得宜——好一幅"只此青绿"的天然画卷，引得游人发出"日畔花开常聚首，云边客去总回眸"的感慨。

有人说，这种意境在天目湖宾馆最能体会得酣畅淋漓。与天目湖旅游景区开发同步，天目湖宾馆由县级名不见经传的小小招待所起步，一路走来，收获满满——国家级青年文明号、国家级巾帼文明岗、中华餐饮名店、全国餐饮业优秀企业、首届中国饭店金星奖、国家白金五钻级酒家、金树叶级绿色旅游饭店、金鼎级文化主题旅游饭店等，所获荣誉不胜枚举，演绎了本土酒店发展的传奇，成就了五星级旅游度假型综合酒店的标杆和典范。

也有人说，宾馆服务行业是崇尚自我挑战、不断追求完美、不断追求发展高度的行业。在竞争极为激烈的今天，天目湖宾馆又将如何续写自己的传奇？天目湖宾馆董事长史国生和总经理史天翔父子，正在"青蓝"合力中奋笔展卷，为天目湖宾馆的明天续写传奇。

一个品牌的创业传奇："一盆砂锅鱼头炒热溧阳天目湖"

李强总理在江苏工作期间，于2016年9月30日召开的全省旅游业发展大会上，列举了江苏各地发展旅游业的大量鲜活案例，其中就有"一盆砂锅鱼头炒热溧阳天目湖"的故事。

砂锅鱼头是天目湖的餐饮名片，现已成为江苏"最佳传统名菜"，被誉为"中国美食界一枝奇葩"，几乎是每一个到天目湖旅游的人必尝的一道美食。这道名菜的产生、创牌、爆红与天目湖宾馆有着不解之缘。对于往事，史国生如数家珍：天目湖宾馆的前身是沙河水库管理所下属的水库餐厅，1979年兴建江苏省水利管理技术培训中心，1980年更名为"沙河水库招待所"。1982年75个国家的大使和大使夫人到沙河水库观光，在沙河水库招待所品尝了沙河砂锅鱼头，对这道汤色乳白、香气浓郁、鲜而不腥、肥而不腻的菜赞叹不绝，连连称奇，甚至把乳白色的汤汁当酒干杯。1984年，邓小平同志视察江苏，沙河水库部分人员参与接待保障任务，为小平同志烹饪了砂锅鱼头，小平同志品尝后赞不绝口。

品牌是酒店的生命力。史国生说："产品想成为品牌，就要去悉心培育和打造，创意是打造品牌的前提"。因此，1993年，"沙河水库招待所"更名为"天目湖宾馆"后，史国生就着力以砂锅鱼头为突破口，从原料选配、品质把控等入手，创造性地做好一道菜，

天目湖宾馆外景

讲好一个品牌故事，让美味的天目湖砂锅鱼头与天目湖宾馆相伴相生、共同成就。为了打造好天目湖砂锅鱼头品牌，他与时俱进，打造了鱼头大师朱顺才卡通形象，一经推出，很快拉近了大师与消费者的距离。为了进一步扩大天目湖砂锅鱼头的名人效应，史国生还加大"天目湖牌砂锅鱼头"的创新和推广力度，引导并满足了高端顾客的美食体验和需求，助力酒店确立"为高端客户群体提供专业服务"的市场定位，推动了"依托品牌餐饮，塑造精品酒店"品牌战略的实施，确立了天目湖宾馆在市场上的核心竞争力。

在天目湖砂锅鱼头声名鹊起的同时，市场上假冒低质鱼头开始泛滥，宾馆赖以生存发展的品牌产品面临危机。史国生果断决策，通过正确的市场定位、撰写品牌故事、塑造品牌灵魂人物、注册商标、申请专利等一系列的品牌运作，获得了"天目湖砂锅鱼头"的商标享有权，并被认定为江苏省著名商标、中国驰名商标和中国名菜；申请注册了砂锅器皿的享有权；通过了有机食品认证、原产地保护标记注册认证。"我还策划了'天目湖砂锅鱼头'创意精致版，即特制的异形砂锅，贴上'天目湖砂锅鱼头'的封条，再加上温馨的菜肴介绍，朱大师出场请席间尊者或长者揭开封条并合影，分解鱼头完成分餐，几分钟后，装裱好的合影送上餐桌。这一道道精心设计的环节给客人带来新奇和惊喜的用餐体验，大大提升了天目湖宾馆的品牌效应。""天目湖牌砂锅鱼头"的创新和推广引导满足了高端顾客的美食体验和需求，并助力酒店确立"为高端客户群体提供专业服务"的市场定位，推动了"依托品牌餐饮，塑造精品酒店"品牌战略的实施，保证了天目湖宾馆营业收入的稳定增长。

砂锅鱼头

在做好"一道菜"的同时，史国生还要求做好"一桌菜"，而且是一桌有特色、有品味、有故事的菜。他提出，精品菜肴服务周到，就是要让顾客体味到味极尊享；典雅装饰一尘不染，就是要让身心放松的顾客感受不同凡响的高尚和尊贵。因此，天目湖宾馆在致力于打造天目湖砂锅鱼头品牌、赢得了消费者高度认同的同时，以砂锅鱼头为龙头产品，不断挖掘淡水鱼的饮食文化，开发推出了一系列天目湖鱼类菜肴，并隆重推出了天目湖鱼王宴。鱼王宴食材为天目湖水产，其菜肴以绿色、天然为主导，辅以科学的烹饪手法，博众家之所长，保留其地方特色，注重菜肴营养搭配，其中包括名菜"砂锅鱼头""明月高钙骨""碧影红裙""群鱼献花"等创意菜肴。天目湖鱼王宴一经推出就入选《中国名宴大典》，引起了当地饮食界不小的轰动，社会各界人士纷纷特意来宾馆品尝，体会天目湖鱼文化的神韵，有人曾称赞道："满湖金鳞雅集鱼王宴，一道鱼汤载誉五大洲"。

老一代企业家的锻成:
时代机遇、团队奉献与自身努力的"三昧真火"

2021 年,天目湖宾馆获评"国家白金五钻级酒家"。"国家白金五钻级酒家"是国家《酒家酒店分等定级规定》中的最高等级,天目湖宾馆以出色的表现成为江苏省酒店获此殊荣的"第一家"。为了这份荣誉,天目湖宾馆在史国生的带领下,20 多年持之以恒,一步一个台阶,逐步登高——1998 年,"天目湖宾馆"被评为"三星级旅游涉外饭店";2002 年 7 月企业改制,成立了"溧阳天目湖宾馆有限公司";2004 年 4 月 18 日,天目湖宾馆新大楼开始对外营业,同年 10 月宾馆获评五星级,并于 12 月 6 日正式挂牌,成为江苏省第二十家、常州市第二家、溧阳市第一家五星级酒店。

为什么能从一道名菜唱响一个品牌、成就一家宾馆、增辉一方景区?史国生说,首先要感谢党的好政策,感谢改革开放的好机会。没有党的好政策,天目湖宾馆也不会取得今天的辉煌;没有 1992 年天目湖旅游度假区的创建,天目湖宾馆也不会取得今天的成绩。正是碰上了难得的发展机遇,天目湖宾馆才能在这方青绿山水间泼墨赋彩!其次要感谢经营管理团队的凝聚力。天目湖宾馆的管理团队敬业、专业、忠诚,对企业怀有感恩之心,很多管理人员从入店开始一直工作到现在,已有几十年,视店如家,视宾客如家人,将"展示美、传递爱、创造感动"的服务理念与对客户完善的服务相结合,天目湖宾馆的优质服务赢得了广大宾客称赞。不忘初心、凝心聚力,这样一支优秀忠诚的管理团队是天目湖宾馆一笔宝贵的财富。第三在于自身的努力、坚持、执着。"我除了工作和学习,没有其他业

天目湖宾馆内景

余爱好，只有通过不断学习，汲取酒店管理精华，提升经营管理的专业技能，才能'做成最好的酒店'。我的学习途径是多样的，参加各类研讨班、总裁班，与国际品牌酒店同行交流、考察，参加国内顶级培训机构的课程等。我不断地向管理人员和员工灌输一定要坚持学习的理念，甚至带有强迫的性质。我认为，一个不想学习、不善于学习的管理人员早晚会被淘汰。我选择了一辈子做酒店，带着责任和使命，将天目湖宾馆打造成为百年老店。"

　　天目湖宾馆占地面积只有 17 亩，对于一家立足旅游景区的五星级酒店来说，面积并不大，但凭着志存高远、脚踏实地的精神，天目湖宾馆在史国生的带领下，努力担好责任、做好标杆，成为溧阳文旅界的"亩产状元"，为地方经济发展作出应有的贡献。

　　在史国生的带动下，天目湖宾馆大力倡导"大爱传承、品质至上"的企业精神，将大爱文化和感恩文化融入宾馆的文化基因。董事长身体力行，积极投身社会公益事业，在援助汶川地震、青海玉树地震受灾群众和抗击新冠疫情中积极捐款捐资、奉献爱心；在扶助孤寡、爱心助学中持续接力，每年春节前都会组织慰问天目湖镇、戴埠镇、竹箦镇三家敬老院的老人，每年都会资助两名困难大学生，帮助他们完成学业。近年来，已经向各级慈善组织累计捐赠善款数百万元，用实际行动践行了企业的社会责任，扛起一位企业家的责任与担当。

年轻一代企业家的接力："青蓝"同心，共展新画卷

2016 年 2 月，在天目湖宾馆即将迎来春季旅游业旺季的时候，天目湖宾馆有限公司作出了重大的人事调整，史国生董事长不再兼任总经理，总经理一职由史天翔担任。这一年，天目湖宾馆在战略上也做了大手笔的优化，正式宣布打造"中国鱼文化主题酒店"。公司提出，将"打造百年老店，成就员工梦想"作为企业的愿景，树立"将天目湖宾馆打造成为一家受人尊重的企业，成为中国酒店餐饮业的标杆，为宾客提供顶级的产品和服务，让员工幸福快乐有尊严地工作和生活"的奋斗目标。

"这年正值'十三五'开局之年，餐饮业也开启了转型发展的新赛道。特别是随着'互联网＋'时代的到来，传统的酒店业将面临更大的挑战，这时候需要年富力强、知识丰富、思维新锐、能够洞察熟知新生代消费需求的人来担当一线总指挥。与其说是我们选择了史天翔，从某种意义上讲，不如说是时代选择了史天翔。我们顺应时代，作出的调整，正可谓薪火相传，正当其时。"史国生说，对于史天翔的培养，他概括为八个字：尊重引导、同心携手。

2006 年，受父亲影响，史天翔正式入职天目湖宾馆。从生活中的父亲到工作中的父亲，史天翔通过另外一个视角看到了父亲的敬

业、律己和理想，体会到父亲"对己严格、对人尊重、对事负责"的人生态度和无时不在的工匠精神，这启发他将"对高品质近乎苛刻的追求融入天目湖宾馆的每一个毛孔"，激励着他不断向前。

史天翔坦言，在实际工作中，父子之间虽然有观念碰撞的时候，但大家的价值观是一致的、奋斗目标是一致的，父子间逐步形成一种默契。

——要脚踏实地，务实工作，真正具备企业家的精神。

——要刻苦钻研业务，精益求精，要有想法思路，要有动手能力，要能做成事，有结果。

——要有感恩的心，对政府、客户、同行、员工、家人都要感恩，要善待员工，要有利他心。

——要贡献社会，承担社会责任。

天目湖宾馆前台

——要培养自己的情商、逆商、处理人际关系的能力，企业经营、管理、发展的难度越来越大，我们一定要小心谨慎、安全运行，才能把企业传承下去，才能使企业基业长青。

——要有明确的目标、坚定的信念、正确的方法、不懈的坚持。要树立正确的价值观，要明确为什么做企业，做企业不光是为了自己，更要考虑为员工、为客户、为行业、为社会提供价值。

——要认真学习、谦虚谨慎，研究老一代是如何做成功的，把老一代的宝贵经验在实践中灵活运用。

这是史国生的殷殷寄语，也是史天翔践行的"黄金法则"："我认为企业传承不仅是物业、经营、管理权，更重要的是传承企业的精神、文化、品牌、口碑。父亲的敬业精神成就了天目湖宾馆，作为年轻一代，我有责任和义务握紧接力棒、跑赢新一程。我要做别人不想做的，做别人认为苦的，做别人不想投的事，就要努力做到比别人好一点点。把'鱼文化'做精做强，我坚信有付出就有回报。"

在父亲的支持下，史天翔全身心地投入管理变革，率先导入先进的管理体系，狠抓内部管理。在他的领导下，天目湖宾馆导入常组织、常整顿、常清洁、常规范、常自律的"五常法"管理体系，全面导入 4D 现场管理体系。史天翔说："做酒店业，除工作现场干净整洁之外，还要让客户感受到五星级酒店不一样的服务品质。每年，我们要接待四方宾客上万人次。只有把每一位宾客服务好，我们酒店才有生命力，才会有影响力与品牌效应。"

"酒店业的服务全是动态的，生产与消费往往在一瞬间完成。产品与服务是否满足客户需求，都由客户来评判。"史天翔要求，天目湖宾馆要做的，就是要比别人好一点点、服务热情一点点、菜品好一点点、环境好一点点，为宾客提供周到而细致的服务。

"中国鱼文化主题酒店"的打造，除精准管理，品牌与特色更是至关重要。凭借独具特色的天目湖砂锅鱼头，天目湖宾馆在社会上、行业内声名鹊起、获奖无数。2013年，天目湖宾馆首次导入全新 CI 设计，经典的口味传承加上全新的视觉系统，为全面打造"中国鱼文化主题酒店"奠定好的品牌基础。

"一道鱼汤载誉五大洲。传承不是模仿，也不是临摹，而是要有创新与特色，更要与时俱进。"史天翔说，在他接任总经理后，为了打造名副其实的"中国鱼文化主题酒店"，天目湖宾馆把"鱼文化"渗透到每个角落，店徽、工作服、艺术品、棉织品、易耗品等物件上都印有天目湖宾馆的文化元素，不仅让员工更好更深入地理解酒店的"鱼文化"，也让每一位走进酒店的宾客都了解"鱼文化"。

作为年轻一代的企业家，史天翔积极传承父亲史国生力行的"大爱文化"和"感恩文化"，并更进一步，在天目湖宾馆提倡"展示美、传递爱、创造感动"的服务理念，关注新员工的成长，感恩老员工的付出，每年都组织党员在慧心康复中心开展慰问活动，慰问及捐助困难员工，召开退休职工及家属联谊会以及学龄前儿童及家属联谊会，让"大爱文化"和"感恩文化"不仅得到传承，更得到发展和升华。同时，身为溧阳市青商会副会长，他还做好榜样，积极帮助青年企业家共同进步、共同投身新的发展大潮，用真心、真情和行动赢得掌声一片。

实业立市，文旅兴城。在助力推进"532"发展战略、建设"新能源之都"中，宾馆服务业担当着特殊的使命，要"做成最好的酒店"，青蓝传承无疑是永恒的主题。新征程上，史国生和史天翔父子青蓝同心、匠心传承，共同绘写"只此青绿"的天目湖宾馆新画卷。

记者手记

"志之雄也，不在胜人，在自胜。"天目湖宾馆董事长史国生曾在《薪火相传 正当其时》的署名文章中写道："互联网＋时代的到来，传统的酒店业将面临更大的挑战，在这样一个时候，需要年富力强、知识丰富、思维新锐、能够洞察熟知新生代消费需求的人来担当一线总指挥……在这样的时候，与其说是我们选择了史天翔，从某种意义上讲，不如说是时代选择了史天翔。"纸短情长，寄意深远。正是有了董事长的豁达和总经理的开拓进取，有了父子间薪火传承、"青蓝"合力的默契，天目湖宾馆才能在奋进路上坚守坚持，在市场竞争日趋激烈的今天创造更多的品牌奇迹、团队奇迹、品质奇迹、财富奇迹和精神奇迹。让"将天目湖宾馆打造成为一家精致、有特色、有品位、有文化内涵的百年老店"的企业愿景变为现实图景，在打造"中国首家鱼文化主题酒店"的战略图景中点染奇彩，更入佳境！

江苏明都汽车集团有限公司　　许新跃　许家玮

一封家书中的传承之道

许新跃（左一）　许家玮（左二）

1996年1月，江苏明都汽车集团于改革开放的春潮中扬帆起航，秉持"树企业品牌，创百年名企"的高远之志，通过20多年锐意进取，现已发展成以汽车销售服务为核心、金融投资及高星级宾馆为辅的多元化集团企业。2022年实现销售收入69.5亿元，是江苏省汽车销售和服务领域的领军企业，也是常州市汽车销售服务行业的排头兵。先后荣获"2023年中国汽车经销商集团百强排行榜第72名""2023年中国民营汽车流通企业百强榜第50位""江苏省五一劳动奖状""江苏省服务业百强企业""江苏省放心消费创建活动示范单位"和"信用合同AAA级企业"等荣誉称号，自2011年起，明都汽车连续12年荣获"常州市现代服务业五星级企业"，旗下多家4S店多次被评为全国最佳经销商。面向未来，明都汽车正秉持"诚信、进取、求实、卓越"的经营理念，薪火传承，矢志接力，团结奋斗，朝着百年名企梦的目标不断前行。

一封家书，书写父子两代的精神传承

2022年8月19日，在常州市武进区青商会第五次会员大会上，一封饱含信念与期盼、承诺与宣言的家书将新时代企业家精神的传承与弘扬娓娓道来。这封家书的作者是江苏明都汽车集团有限公司董事长助理许家玮，1987年出生的他，是父亲许新跃艰苦创业之路的见证者——"在我的印象中，您总是早出晚归、风雨无阻，这样的日子很多很多。当时我不理解，现在我终于明白，这就是一个共产党员的责任和担当，是'树企业品牌，创百年名企'的明都愿景在激励着您砥砺前行、义无反顾。"榜样的力量是无穷的，父亲的坚韧之姿与红色情怀，成为许家玮奋进路上最重要的"精神行囊"。他继续读到："在您的影响下，我也不甘落后，把在大学、留学时期学到的先进管理理念与企业的实际相结合，不断为企业拓展品牌和创造价值……我将传承您敢闯敢拼、不畏艰辛的创业精神，传承您求新求变、勇攀高峰的创新精神，传承您越挫越勇、永不言败的大无畏精神，勇往直前、续写荣光。"

听到许家玮朗读这封家书，事先毫不知情的许新跃先是惊讶，继而感动。因为当日活动的主题是"传承"，他就拿起话筒，现场分享三点体会，与在场的所有青年企业家共勉。他说："作为企业家，首先要有责任感，有责任感的人才能努力向上，这一点不仅是对自己，对家庭、对企业都是一样。"对此，许新跃深有感慨，"当许家玮呱呱落地时，我一下子从 20 多岁的小青年变成了父亲。那天，我的内心很激动，感觉自己既然当父亲了，就上要对得起父母，下要对得起子女。在生活中、在事业上再困难不能弯腰，要立得定、顶得起。"都说力的作用是相互的，令他难忘的是，有一年大年夜，外面大雪纷飞，他因为送货，到很晚还没有回家，但小家玮坚持等父亲回家才吃年夜饭，这让他既心酸又感动，让他体会到，一个有责任感的父亲，孩子是可以感知到的。那么，一个有责任感的企业带头人，员工又何尝不能感知到呢？许新跃分享的第二点体会是"忠诚"。他说："做任何事，只有忠诚，才能有感恩之心。企业家是社会一分子，要忠于党，忠于国家，忠于企业，忠于员工，忠于家庭，唯有这样，才能不负企业家的身份，才能努力工作、脚踏实地。"他与青年企业家共勉的第三点体会是"激情"。许新跃稳重内敛，但对于"激情"二字极为推崇。他认为，企业的活力来自激情。企业家要用激情感染大家，要让大家凝聚起来，凝成一团火，才能成就欣欣向荣的事业。他说："正是'责任、忠诚、激情'三个方面，激励我这么多年敬畏事业，如履薄冰，不断前行。希望年轻人看在眼里、记在心里，接力前行。"

言教不如身教，明都汽车的发展就是一本书

都说父亲是一束光，是孩子成长路上最好的榜样和老师。那么，让我们来看一看，许新跃是如何在企业发展的实践中把这一束光点亮、传递榜样的力量的？

时间回溯到 1979 年，改革春风遍拂神州，许新跃被分配到洛阳供销社，当上了营业员。当时，供销社最贵的商品要数自行车和手表，价格都在百元以上，永久、凤凰、飞鸽、长征等品牌自行车是最紧俏的物资。1983 年，许新跃拥有了第一辆自行车，那是一辆"凤凰"牌自行车，花去了他好几个月的工资。

20 世纪 90 年代初，洛阳镇供销社开始销售摩托车，并成立了武进摩托车销售总公司。许新跃兼任摩托车销售公司的经理，凭着敢打敢拼的劲头和快人一步的经营策略，当年公司实现销售 2 亿元。正是这个位于洛阳乡镇的"总公司"，让许新跃成为常武地区出行革命的见证者和实践者。1996 年年初，武进市供销社成立武进明都汽车摩托车公司时，在摩托车销售领域小有名气的许新跃被委以重任，当上了总经理。

虽然总经理的名头很响亮，可是初生的明都汽摩底子很薄。作

为公司创始人，许新跃带领仅有的 7 名员工，在常州城郊清凉桥堍租下了不足 200 平方米的旧店面，借了几十万元的摩托车铺底商品，开始了艰辛的创业道路。当时公司单一经营摩托车，资产为零，在同行业中论资排辈，明都可以说是"小弟弟"。许新跃很清楚，作为后起之秀的明都，要在强手林立的摩托车市场脱颖而出，必须打破常规，走一条独特的发展路径。为此，许新跃确立"定位准，起点高，走品牌发展的道路，实施批零一体化经营"的方针，迎合消费者的需求，注重产品的质量。在价格上，他们采取批发的优势降低销售成本，只赚取合理利润。从售出第一辆车开始，他们就形成了整车、配件、维修三位一体的全面服务体系，配件齐全的程度居江苏首位。正是凭借这股"敢闯、敢干、敢破、敢立"的精神，许新跃带领初生的明都满怀激情大胆寻梦，以经营品牌、名牌摩托车为方向，批发、零售两条腿走路，脚踏实地，艰苦奋斗，步步进取。

在新世纪即将到来的前几年，明都人连续打赢了"三场硬仗"：一是扩大零售、夯实基础，1997 年起先后在武进的重点乡镇设立

了 18 个连锁店，并同步建立维修中心和维修点，赢得了消费者的信赖，有效扩大了市场占有率；二是拓展批发、做大规模，1998 年在行业内首创全国独家包销模式，大胆地包销了新大洲白马王子 125T-10B，结果一举成功，仅此一项，就实现销售额 2 亿多元，列全省同行之首，其中新大洲、珠峰、比亚乔三个系列的产品销售居全国第一，大幅提升了在省内乃至全国的知名度；三是应变市场、重心转移，及时实施了"城市向农村转移，苏南向苏北转移，省内向省外转移"经营策略，使摩托车持续保持了较高销量。到 2000 年，销售额已达 6.1 亿元，年递增率达 40%，员工已达 200 多人；到了 2004 年，公司在常州地区一年的零售销量就突破了 4 万辆，拿下了常州摩托车市场 80% 的份额，加上全国包销、全省代理一些品牌的批发销售，销售总额近 8 亿元，居江苏首位，名列全国前三。"买摩托，到明都"成了广大消费者的优先选择。激情四射的明都汽车创业史有了一个宏大的开篇。

变革和挑战、创新与发展，是市场的主旋律。2001 年，中国加

明都汽车外景效果图

明都汽车内景

入WTO，翻开了对外开放和社会经济发展的新篇章。这一年，公司进行了改制，责任更重的许新跃敏感地意识到，汽车这个大产业的帷幕即将拉开，他坚信"四轮必将取代二轮"，毅然带领公司把握未来的方向，义无反顾地投身汽车销售领域。同年，全新的江苏明都汽车摩托车城亮相武进新城区，面积近6000平方米，集汽车销售、摩托车销售、摩托车零部件、摩托车检测、维修于一体，是当时常州首屈一指的汽摩商城。

地方有了，但当时一无授权、二无人才、三无基础，众多困难摆在面前，许多事情要从头再来。开弓没有回头箭，许新跃大胆决策，带领明都人豪迈地确定了"一年做大，二年做强，三年领先"的目标。面对激烈的市场竞争，为迅速站稳脚跟，公司既经营轿车，也经营微面，甚至经营卡车，既做代理品牌，也做信息中介，同时积极争取4S品牌店的授权，不拘一格，广揽人才。在这一"战法"加持下，许新跃带领着他的明都团队渐渐在汽车市场立稳了脚跟。这一未雨绸缪之举为明都的进一步发展奠定基石——随着国家汽车产业的迅速发展，汽车快速步入普通家庭，明都汽车"二次创业"之路越走越宽、越走越快。公司真刀真枪、真金白银、真抓实干，持续加大品牌引进力度，从 2001 到 2020 年，共投资 19.9 亿元，建成并开业了 50 家汽车 4S 店，收购了 6 家 4S 店。经营结构得到了战略性调整，汽车销量在常州处于领先位置，明都汽车这个品牌成为行业龙头，傲立龙城。

在发展中"传道"，在磨砺中"悟道"

2015 年春，许家玮从国外学成归来，进入公司工作，先后担任常州明盛汽车财务经理、集团团委书记、常州肯特总经理等职务，2017 年起，担任集团总裁助理。从国外回到国内，从书本走入现实，从象牙塔中走进商战一线，环境不同、要求不同，但年轻人的梦想更加清晰，他在现实的市场风云激荡中历练捶打，向着更高的天宇奋飞。

发展的道路不会一帆风顺，逐梦的过程注定经历风雨。随着国家宏观经济由高速进入中高速发展期，汽车工业进入了"存量竞争"。有关数据表明，2019 年我国乘用车销量同比下滑高达 9.3%，连续两年陷入下跌状态，进入 2020 年，受新冠疫情冲击的影响，汽车市场更是遭到前所未有的严峻考验。与之相对的是，消费者的要求越来越高，汽车经销"躺赢"的时代一去不复返，明都汽车的发展迎来新的难题。

许新跃说，从自行车到摩托车，从摩托车到汽车，20 多年来，他带领团队直面挑战、提速跨越，成为常武地区百姓"出行革命"

的有力推动者。明都汽车集团有限公司进入国内汽车经销商集团百强，他个人也获得多项殊荣，其中最让他珍视的就是党代表的身份和优秀共产党员的荣誉。他说，民营企业的发展，党和政府是靠山。面对新的发展形势和换挡期的多重压力，他相信国家、相信未来，面对任何困难、任何压力，只要有信心、有定力，就一定有办法。在他领导下，明都汽车上下主动应变，加快转型，一手抓外延整合，一手抓内涵提升，调优经营结构，夯实管理基础，不断争先进位。激荡的风云让许家玮感受到什么叫"来自市场的压力"，但许新跃告诉他："有风有雨是常态，风雨无阻是心态，风雨兼程是状态。作为领导者，决策要慎重，该快时要快、该慢时要慢。不管身处企业发展的任何阶段，人的因素都是第一要素，企业家要讲诚信，要走正道，只有这样，才能驾驭风云、持续发展。"许家玮再次感受到父亲与时俱进、善于处理难题的智慧，身为总裁助理的他全情投入工作，在公司转型发展中发挥了积极作用。2021 年，明都汽车逆势发展，实现销售 74.25 亿元；2022 年，中国汽车流通协会发布

明都汽车林肯展厅

2022 中国汽车经销商集团百强排行榜，明都汽车位列第 70 位。这些成绩中，都有这位年轻人的努力与汗水。

对于年轻一代的发展，身为父辈的许新跃极为开明，他说，老一代企业家和青年企业家之间的传承很重要。年轻人文化水平很高，但往往好的想法在实施上容易"不接地气"，在这种情况下，老一代企业家就要把握一个度，积极引导。因此，他不仅给许家玮成长的时间，更给许家玮践行梦想的空间。围绕个人能力提升，他简洁而明了地提出了"三个增"，即"增强抗压能力、增强吃苦精神、增强自立意识"。他坚信，青年企业家有思想、有创见、有追求，假以时日，通过一系列的工作，他们不但会逐步成熟，而且一定能绘就更美的画图。

乐见未来，把握好发展的"时"与"势"

蓄势向"新"，聚"能"未来。在国家"双碳"战略和产业政策引导下，常州将在新能源产业赛道上朝着引领长三角、辐射全国、全球有影响力的"新能源之都"全速前进。可以说，新能源是制造业发展的"诗与远方"，是常州城市最确定的未来。当前，常州新能源产业集聚度全国第四、投资热度全国第一，形成"发储送用"生态闭环。在"用"这一个环节，2022 年，常州新能源整车产销超 34 万辆，成功跻身全国新能源汽车产量前六名。与新能源汽车产业热潮相匹配的是，新能源汽车的消费热也快速提升，有与传统燃油车分庭抗礼之势。在这一波发展态势之下，明都汽车及时调整战略，根据集团安排，许家玮将在新能源汽车销售业务中发挥更大作用。

对此，许家玮胸有成竹。他说，2023 年 4 月出台的《新能源汽车购置补贴实施细则》和《新能源汽车停放服务收费优惠实施细则》营造了优良的新能源汽车购买和运营使用环境，大大促进了新能源汽车销量和市场增长。下一步，明都汽车将在加强新能源品牌运营和市场推广、优化代理模式和市场网络布局上不断创新、持续发力，抓住机遇，做大做强市场。对此，许新跃给予的祝语简短而有力："人要有梦想，所谓梦想，要体现自身价值，要做就要做好。回想当初我做摩托车时，坚持一个原则——做品牌，起点高，发展快。现在面临新机遇，希望家玮把明都的新能源汽车市场做透、做大、做强。"

老一代企业家在"爬、摸、滚、打"中发展起来，他们每个人都是一本书，这本书读多了，就会很有力量。今天，年轻一代的企业家正怀抱梦想，脚踏实地，奔赴未来。在这场薪火接力中，相信他们会胸中怀山海、眼底有星辰，在最好的时光展现最好的才华与能力，将抱负与梦想付诸现实，在"苏南模式再出发"的时代宏图中开拓奋进、扛起担当，唱响最嘹亮的传承之歌、奋进之歌。

记者手记

时间的长河奔腾，每一朵浪花都有故事相伴；创业的画卷铺展，每一个奋斗者都与梦想同行。从清凉桥南埌燃起的明都汽车创业之火，倔强奋进，终成燎原；从市场经济闸门中奔涌而出的明都创业源泉，汇涓成流，浩荡前行。

从独处常州一隅到车行省内省外，许新跃带领明都人收获着昨天的认同与尊崇，书写着今天的梦想与光荣；从父与子的观念碰撞到一封家书的深情对话，许新跃、许家玮父子在传承发展之路上共同成就"树企业品牌，创百年名企"的未来。

身教、牵手、熔炼与铸新

许亚南（左一）　许健（左二）

江苏凯达重工股份有限公司于 20 世纪末扬帆起航，经过 25 年的发展，企业生产规模已名列全国铸造轧辊行业前三，获授权专利 70 余件，已成为国内外知名的型钢轧辊制造基地和出口轧辊制造基地。公司专注于细分市场，且创新能力强、市场占有率高，成为掌握关键核心技术、质量效益优的排头兵企业，2020 年被工信部认定为第二批专精特新"小巨人"企业；2023 年初，挂牌"新三板"（证券代码：874025），计划 2024 年申报北交所上市。总结过往，凯达重工的成功在于其坚守"熔炼精品、铸造诚信"这一经营理念。面向未来，有效的传承是企业可持续发展的必修课，凯达正立足实际，在"身教、牵手、熔炼与铸新"中走出了一条实实在在的传承之路，助力"小巨人"迈上新台阶。

独立创业，"是军旅生涯给了我勇气和胆量"

1998 年 4 月，已借调到东安镇经贸公司工作的许亚南从同事那里得知，东安镇政府准备在年内对武进轧辊厂进行转制。他意识到这是一次难得机遇，觉得可以试一试。于是他开始收集并学习武进县委、县政府有关企业转制的文件资料。同年 9 月，他拿到了由武进县审计事务所出具的《武进轧辊厂资产评估报告》，在认真研究评估报告内容并找厂内相关人员核实情况后，他正式向武进县委农工部企业转制办公室提交书面报告，向镇党委、政府提出竞标申请。同年 11 月初，镇企业转制领导小组召开会议，同意他参加武进轧辊厂的转制招标。1998 年 12 月中旬，武进轧辊厂转制招标公告对外公布。在公告规定的截止日期内，只有许亚南和时任武进轧辊厂厂长二人报名参加招标。当时，势在必得的许亚南在亲戚朋友的支持和帮助下筹借了近 500 万元现金作为投标保证金和转制需要现场缴纳的资金，为转制招标做好了充分准备。

1998 年 12 月 30 日上午 8 时开始，东安镇政府三楼会议室热闹非凡，武进轧辊厂转制招标会议正在按相关程序紧张进行，镇党委、政府主要领导和镇企业转制领导小组全体成员，武进轧辊厂全体班子成员以及银行、税务等部门 30 多人出席了转制招标会议。在众人关注的目光下，通过严格的招标程序，最终许亚南以高于底价近三倍的报价中标。当日 13 时，在武进轧辊厂大会议室，镇党委书记、镇长向全厂职工通报了企业转制招标结果，并宣布许亚南为武进轧辊厂厂长，由此掀开了武进轧辊厂崭新的一页，同时也开启了许亚南的创业之路。

作为原企业的中层干部，为什么敢和时任工厂一把手"叫板"，参与企业转制竞标？回想起来，许亚南的答案简洁而有力："是军旅生涯给了我勇气和胆量！"

许亚南的父亲是 1949 年 4 月入伍的革命军人，在抗美援朝战争中因伤残复员回乡，在他 15 岁那年不幸病故。为了照顾家庭，刚满 16 岁的许亚南就进武进县东安农机具修造厂当学徒赚取微薄的收入，大部分钱还需交生产队记工分。但是在他的心中，始终有一个英雄梦、军营梦。1978 年 2 月，他应征入伍，终于成为光荣的解放军战士，由于他有在企业操作机床的技术底子，人又勤奋肯干，新兵集训结束后，就被分配到了某团军械所，并到某部军械集训队参加了 10 个月的技工集训。技工集训打牢了许亚南的机械理论基础，丰富了军械维修知识，增强了实际工作能力。

1981年1月，许亚南光荣退伍，回到东安轧辊厂（后改名为武进轧辊厂）工作。三年的军旅生活不但磨练了他坚强的意志，提高了他的技术水平，也让他更有信心去实现自己的理想。1984年5月，许亚南由于工作表现突出，先后被提拔担任金工车间副主任、车间主任、技监科长和企管主任等职务。在此后的10多年中，他以高度的主人翁意识积极参加上级部门举办的各类企业管理培训班，学习企业管理知识，参加常州工学院"半脱产"机械大专班学习，参与武进轧辊厂的各项基础管理规范工作和企业管理改革工作，成为武进轧辊厂企业管理上的中坚力量。

每当回忆起这些，许亚南都难以抑制内心的激动与感慨。许亚南说，是军营大熔炉锻冶了他，是当兵人的勇气支撑了他。"做人要有抱负、有追求。我参与改制的胆量是部队给我的！"正是有了这一段经历，让他面对任何困难、挑战都能从容应对、轻松驾驭。经营企业以来，他发扬军人能吃苦、敢拼搏的优良传统，带领企业征战商海。

克难而行，烈火中的新生与诚信下的守护

1999年年初，由于受亚洲金融危机和企业转制前管理混乱的双重影响，企业经营惨淡，人心涣散，厂房设备老化，产品低档滞销，账面资金寥寥无几，压力可想而知。改制后，许亚南知道没有退路，只能背水一战向前冲锋。在镇党委政府的支持下，他迅速组建管理团队，调整销售团队，并注重发挥企业中党员、退伍军人和技术骨

干的作用，对企业进行了大刀阔斧的调整、改革。

裁减富余人员。许亚南花了近 2 个月时间，根据企业实际情况，反复征求意见，确定了各车间、部门设置和岗位定员方案，把企业在册 450 多人裁减至 220 多人，裁减比例达 50% 左右，裁减的职工全部按转制文件规定买断工龄。在裁减富余人员过程中，许亚南顶住各种压力，通过说服沟通，得到了绝大部分被裁减职工的理解和支持。

厘清企业资产。许亚南花了近 1 年时间，组织有关人员内审外调，聘请会计师事务所重新审计评估企业资产，走访客户核实、厘清应收货款，堵住财务漏洞，彻底摸清企业的真实资产，核销了大量虚假的账面资产。

调整产品结构。许亚南花了近 3 年时间，聘请行业内专家，组织技术团队，开发技术含量较高的合金铸钢、合金半钢、珠光体球铁、贝氏体球铁等轧辊新产品，淘汰落后低端的冷硬轧辊、球墨轧辊，确定以生产热轧中小型轧辊为主营业务的经营思路。同时清理出售

凯达重工厂区外景

了生产汽车配件的厂房、设备和库存材料，关停了没有销路和市场的无氧铜杆和漆包线生产车间。

改善工艺布局。从 2000 年初开始至 2007 年底结束，许亚南累计投资近 5000 万元，拆除了近 3000 平方米旧厂房，新建了 10000平方米新厂房。在此期间，企业坚持边设计边生产边改造，并先后淘汰落后的熔化设备、热处理炉、加工设备，新购 60 多台套高端设备。通过近 8 年连续不断的技术改造，企业具备了年产 15000 吨中小型轧辊的能力，企业经营日趋稳定；其间，企业注册变更为常州凯达轧辊集团有限公司。

"接手前企业最好年景年产值为 4000 多万元，上缴税费 100 多万元。转制后不仅扭亏为盈，还保持了较高的增长，这说明当初我的选择是对的。"许亚南欣慰地说。2006 年 2 月，常州凯达轧辊集团和英国轧辊制造有限公司合资组建了常州英凯轧辊制造有限公司，一期工程于 2007 年 10 月顺利投产，新厂区占地 80000 平方米，建筑面积 50000 平方米，总投资达 2.6 亿元，开发热轧型钢轧辊，向专业化、大型化发展。"为何我决定上马热轧型钢轧辊？这是因为国内大量的铁路、桥梁、港口、电力铁塔、海洋工程、高层建筑都需要用大型型钢，因此我们要开发技术含量高、轧制消耗量大的型钢轧辊。"他说。

2007 年 10 月，第一条型钢轧辊生产线投产时，第一张订单便是武钢集团大型厂用于轧制高速铁路钢轨的型钢轧辊，此后国内外用户订单源源不断，产品供不应求。即使是 2008 年金融危机之后，公司的生产经营也未受到太大的影响。2022 年，公司年产热轧型钢

凯达重工铸造车间

轧辊 3 万多吨，销售收入 4 亿多元。

改制以来，许亚南坚持"四不"原则，"不欠国家的（税收）、不欠供应商的（货款）、不欠银行的（贷款）、不欠员工的（工资）"，核心就是一个字——诚。凯达重工连续多年被评为江苏省重合同守信用企业、江苏省模范职工之家，连续多年被评为常州市星级企业和武进区纳税大户。企业十分重视环境保护和员工收入、保险和福利，不仅是本镇最早实现缴纳"五险一金"的企业，而且让全体职工享受到企业发展的福利，近几年投入 2000 多万元用于改进、新增环保设备，保护员工职业安全、健康。同时，凯达重工还十分关心地方慈善、教育、医疗事业，近年来已经累计捐资捐物 1000 多万元，实现地方企业"立足本土、为民谋福"的诺言。

传承之路，既要"有情牵手"，也要"无情熔炼"

有人打了个比喻，教育孩子就如放风筝，风筝要放得高远，控好风筝线很重要。风筝线扯得太紧，不舍得放松，风筝就永远飞不上青天；风筝线扯得太松，风筝则不受控制，无目的地漂荡，最终跌得很惨。创业之初，万事皆难。许亚南夫妇长期以厂为家，儿子许健很早就住校学习。但工作再忙，许亚南也始终关注着孩子的价值观形成，在其成长过程中，很注意扯好这根风筝线。对许健的教育，许亚南首先是严于律己，做好榜样，同时又循循善诱，让许健自己有所悟。多年来，他一直对许健灌输一个价值观：个人的命运与国家的命运是相连的，学习的目的不仅是文凭，更要能学有所成，能做报效祖国的人。2003 年，在选择出国留学与留在国内读书上，许健一度比较犹豫，但许亚南告诉他，本土企业的发展有自身特色和路径，传统制造行业更欢迎接地气、有实战能力的人才，这最终坚定了许健的决心，留在国内深造。2007 年，在凯达第一条型钢轧辊生产线投产的当年，许健大学毕业，他毅然回到凯达工厂，直接进入车间进行"熔炼"。

顶着父亲是企业董事长的光环，为了尽快融入职工，许健和普通工人一样干活，每天与职工一起在企业食堂用餐，潜心学习产品生产过程中的各项技术操作规程，虚心向老员工和轧辊制造方面的技术人员请教。功夫不负有心人，许健在较短时间内适应了车间纷杂的工作环境，对冶炼工艺、金属材料、铸造工艺、热处理工艺和轧钢工艺等方面有了初步的了解，对父辈创业的艰辛也有了更多的体会。2008 年，许健被公司派到技术中心工作，在产品研发的前沿阵地接受新一轮的"捶打"。

技术研发一直是制约传统企业持续发展的"瓶颈"。为了尽快使企业在国际市场处于领先地位，许健每天工作十几个小时，和创新产品一起"成长"。让他印象特别深刻的，是作为凯达科研代表，与四川大学制造科学与工程学院合作开发铸造兆瓦级风力发电机主轴项目,完成了以铸代锻生产技术各项指标研究,获得三项发明专利,为利用铸造技术生产大功率风力发电机主轴解决了技术难题。

2010年,许健被任命为江苏凯达重工股份有限公司总经理。从企业的一线车间工人到工程技术中心研究员,再到总经理一职,在不断的"熔炼"中,许健一步一脚印,不断学习成长,用自己的汗水与勤奋、用实力证明自己。

2012年至2015年,为了更好地带领团队突破创新,许健在繁忙的工作之余选择到常州大学攻读工程硕士。其间,他将所学与所用结合起来,于2013年带领研发团队负责激光熔/电火花沉积再制造关键技术研究与开发。该项目是常州市国际科技合作计划,由企业和英国公司、常州大学共同研发。通过不懈攻关,产品研制取得成功,量产后,畅销国内外100多家大中型钢铁企业。

"父辈创业不易,二代接手也难。"2015年,许健再次提出组建自己的外贸公司,告别传统代理模式,提升凯达拓展国外市场的主动性。卢森堡阿塞洛尔·米塔尔钢铁集团、韩国浦项钢铁集团、英国钢铁、巴西盖尔道钢铁集团、俄罗斯耶弗拉兹集团等国外著名钢企慕名而来。2022年,凯达重工的外贸团队销售额突破1.5亿元,占集团全年销售的35%以上,为企业的发展赢得了空间。

向新而铸,一场父与子的新对话

中小企业是实体经济的重要基础。近年来,常州市委、市政府高度重视推动中小企业"专精特新"发展,这既是加快制造业转型

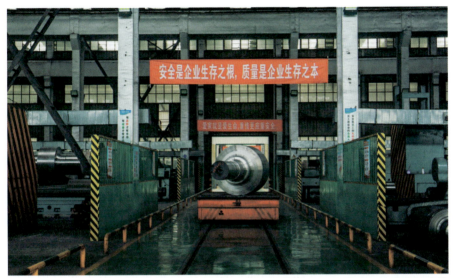

凯达重工生产车间内景

升级提质的需要，也是持续增强实体经济发展活力、培育新动能的要求。

面对新一轮的发展，许亚南说："25年前，我和许健一般大的时候，就有胆量与原来的厂长进行竞争并胜出。改革开放40多年，我是作为替补队员在下半场出场的，但在实际工作中，我带领员工攻坚克难，不但成就了凯达，也成就了自己。今天，我们国家改革开放再出发，新时代给了我们新机遇，我希望许健下一步能担起更大的担子。目前，凯达正谋划在两湖创新区建设厂房，启动企业新一轮的发展。凯达未来的新工厂将全部由许健负责，从规划和基建开始，全流程操作、全系统建设、全过程负责。人只有担子压上来，才能承压、抗压，才能创造奇迹。企业家的抗压能力越强，发展的动能就越强。"许亚南一席话推心置腹，许健理解父亲的苦心："我

许健向外方合作者介绍产品

们已经是国内同行业中名列前茅的企业，这是一种地位，也是一种责任。我将牢记父辈的教诲，跟随新时代的潮流发展企业。"

面对不断变化的市场形势，父子俩有这样一番对话——许亚南说："不但要守摊子，还要传承和发展，走得越高路越宽。年轻一代面临的发展趋势和父辈是不一样的，改革开放以后的40年我们凯达是一路上行的，但是未来，可能面临的困难会很大，面临的市场洗牌会更厉害。"许健的回答很干脆："一代人有一代人的责任，一代人有一代人的压力，机遇、挑战、奉献并存。我是'篮球迷'，球是圆的，在球场上什么都有可能，但只要脚踏实地地练好本领，我相信最终由实力决定一切。"

面对企业经营的责任与底线，许亚南对许健如此谆谆嘱咐："企业家个人的命运系于企业，企业的命运系于国家。企业的命运和国运相连，爱党爱国是根本。企业是社会的，企业家应为社会多作贡献，发挥自身的价值。坚持底线思维，是企业家的基本素质。"对于父亲的教诲，许健有自身理解："我们年轻人在企业经营中将面临'迭代快、任务重、责任大'的压力，但坚持好底线思维，就能让我们有更大的底气面对挑战、做好工作。这一点，我和父亲始终如一！"

在《机会只给有准备的人》中有这么一段话：人的一生只有三天，今天、昨天、明天。只爱今天，它不属于未来；只爱昨天，无异于生命停滞不前；只爱明天，它永远悬在空间。凯达重工用企业家父子两代人脚踏实地的传承串起企业的今天、昨天与明天，在常州新一轮的发展蓝图中绽放风采！

记者手记

一个国家重工业的发展规模和技术水平是体现其国力的重要标志。江苏凯达重工股份有限公司作为中国重工业中的一分子，在董事长许亚南的带领下奋发图强、自强不息，千锤百炼、熔炼精品。红光绮丽的火热产线勃发着常州民营企业家的闯劲与干劲，也展现了常州民营企业的实力与魅力！而今，作为全市的"小巨人"，许亚南、许健父子立足实际、齐心协力，走出了一条实实在在的传承之路、发展之路、登高之路，为"新能源之都"建设和冲刺"GDP万亿之城"锻造新力量，展现出"小巨人"应有的担当和作为。

两代匠心　接续筑梦

杨大伟（左二）　杨光（左一）

鸡头米老了，新核桃下来了，江南的夏天就快过去了。常州，新龙路，江苏建设绿色装饰产业园里绿荫仍那么浓郁。进进出出的物流车辆让静谧的院落透露出忙碌与生机。

看着办公楼下花草树木的四时歇兴，杨大伟呷一口红茶轻叹道："日子就这么在窗外匆匆来去，一茬又一茬春光裁成了眼底景色。"身板笔直人精神、言语沉稳而简练、目光清澈且如炬……让人不敢确信这是一位年过七旬的长者。只是，绵柔舒缓的泡茶姿势传递出一种历经沧海桑田的从容练达。

从一家濒临"散伙"的省属小企业到大型民营建设集团，杨大伟和他的伙伴们以三十年之功，让江苏建设成为业界标杆！

鸟巢、水立方、西藏自治区政协礼堂、常州现代传媒中心……一大批老百姓耳熟能详的建筑地标项目，江苏建设皆参与其中。30年来，江苏建设的业务范畴及施工足迹遍及全球，参与过国内外众多大型装饰工程，多次被评为全国建筑装饰行业明星企业，连续10余年荣获中国建筑装饰行业百强企业称号。

走进江苏建设企业文化荣誉展厅，最引人注目的是摆满了整面墙的、金光灿灿的奖杯。细看每一项荣誉，从技术类到质量类，从项目单体到公司整体，都是含金量极高的奖项。甚至在别家公司有一个就能拿来做"镇企之宝"的国字头荣誉，江苏建设每年均有斩获。

筚路蓝缕，其始也艰，可江苏建设这一路走来，无论遇到怎样的酷暑严冬，无论遇到怎样的艰难险阻，都不曾停下他们跨越山海的坚定脚步！

建设，设于时间的信念

匠心，心正则途通，心恒则路远。

杨大伟是从国企的学徒工做起的，他深知"品"之重要：品质是立足之本。创业伊始，他就立志把每个项目当作"产品"来严格把关，当成"作品"来完美呈现，更要当作"人品"来诚恳以待。

江苏建设的前身隶属于省建设厅，由 20 家企业共同投资成立，股东分散在全省各地，各有各的小九九。没有拧成一股绳，自然很难在市场立住脚。3 年后，初创时的 300 万元资金只剩下不到 1/5。风雨飘摇中，杨大伟站出来将企业接手，仅仅用 2 年时间便扭亏为盈。面对股东们对他个人和企业未来的不看好，杨大伟果断同意退股退资，斩断了资金支持的同时，也斩断了重组的阻力。通过企业骨干内部融资加上银行贷款的方式，杨大伟实现了公司的重整旗鼓，一步步转型，走现代化装饰建设的企业发展之路。"现在讲是转型，实际上我们当时是迫于形势。"杨大伟说，从零开始的起步阶段有多难？各种艰辛只有一起经历的人才明白。江苏建设装饰工程有限公司（江苏建设的前身）成立后的头 2 年，就只有"活下去"这一个目标。

2003 年公司改制，杨大伟迎来了转折点。拥有了自主管理权的杨大伟大刀阔斧改革人事，启用能够独当一面的骨干员工组建管理班子，为企业前行扫清第一个障碍。要突破彼时的发展瓶颈，公司必须从二级资质升到一级资质才能争取更多项目与资源，这需要 1000 万元的资本。如何募集缺额资金成了杨大伟亟需解决的第二个难题。

江苏建设党支部党员重庆红色党建之旅

　　诚恳永远是最高级的交流方式。他在再度革新管理运营机制之前，把家底和困境向伙伴们坦诚相告，把信心和希望一并传递，终于赢得了团队的理解与支持：众人拾柴火焰高，内部募资获得成功！募资的同时，他又将公司股东股份额度与项目完成度挂钩，让有才干、有责任心的股东获取更大股份。不靠行政手段，而以经济手段激励和制衡，杨大伟一举优化了股份结构、管理层的结构，为江苏建设今后能够健康茁壮成长奠定了良好的基础。

　　凭借"品质立业"的信条，坚守"匠心入市"的信念，杨大伟2003 年带领团队开启了北上征程。2006 年，公司业绩就突破了 6 亿元。也是这一年，江苏建设接到了建设鸟巢的订单，一下子打开了北京市场。他们从每年小几千万的项目标的一下子进入亿元俱乐部。杨大伟乘胜追击，一口气在全国各地开办 10 多个分公司，以便于承接各地业务。杨大伟有一套齿轮理论，还有一套螃蟹理论：以母公司的大齿轮带动分公司的小齿轮，分公司的小齿轮也反过来推动大齿轮；螃蟹有8只脚共同支撑，脚多动力足、支撑足，但要是少了一个脚也不影响大面情况。

诚心待人品自高，机制转圜天地宽！好的运营机制激发了企业与员工活力，加上国家经济大环境发展与对民营企业的政策扶持，江苏建设蒸蒸日上。2012年，公司业绩达16亿元，并以每年30%的速度快速增长。此时，企业愿景在杨大伟脑海中越发清晰——去一线城市、接一流项目、做一等企业，进入建筑业前50强行列！

开疆拓土让江苏建设苦尽甘来。更让杨大伟欣慰的是：历经摔打，"钢班子"锤炼了一支"铁队伍"；几度磨砺，"成熟制度"优化成一套"成功机制"；数载春秋，"优良作风"沉淀为"优秀文化"……

拔节生长，时光动容。

建构，构于空间的美好

合抱之木始于毫末，万丈高楼起于垒土。在江苏建设人的心里，从来就不存在什么"天梯"，只有脚踏实地的拾级而上。

2001年，江苏建设以绝对实力中标江苏省政府援藏项目中的三项工程，分别是西藏自治区政协礼堂装饰工程、会议中心和幼儿园工程。出于重视，杨大伟亲自带队，三个项目一起启动，在西藏一干就是两年多。西藏地形特殊、气候独特，杨大伟和施工人员在极端环境中克服各种困难，保质保量地完成了这项充满意义的援藏工程。在西藏自治区政协礼堂的装饰工程项目中，公司负责礼堂室内外装修、500座观众厅、大会堂、小会议室、外立面幕墙的装饰装修，以及机电设备安装、智能化系统安装、舞台机械设备安装、消防系统等，要求能够呈现西藏民族文化特色与现代艺术气息相融合的氛围风格。不管在现场施工还是安全管理，不管是团队协作还是细节把控，江苏建设都展现了极其精湛的专业水平和技术。最终，项目获得"拉萨市优质工程""江苏省建筑装饰优质工程银奖""全国建筑工程装饰奖""江苏省紫金杯建筑装饰优质工程奖""全国建筑工程装饰奖"等众多荣誉，为江苏建设树立了优秀的企业形象与品牌。

鸟巢是中国乃至全世界的地标建筑。这座现代化建筑以其极具创意的设计和别致的外观著名于世，时至今日仍是中国建筑领域的

江苏建设厂区外景

一张名片。2006年，江苏建设作为常州唯一中标鸟巢体育场工程的建筑企业，负责国家体育场贵宾包厢看台施工。为完成任务，公司成立专项团队，做了大量细致的前期准备工作，然后入场施工。当时，江苏建设70多名设计和技术人员以及一大批能工巧匠赶赴北京，一头扎进了奥运工地。所有人同吃同住，专心施工。由于鸟巢的贵宾包厢台呈椭圆形结构，建筑节点错综复杂，施工放线不能有任何偏差。

江苏建设厂区俯瞰图

集团领导每天与一线施工技术人员一起反复测量每一条线、每一个点，并反复校对，确保精准无误。为了保证工程每一道工序按时通过验收，管理人员每天要在鸟巢走上20多趟，一天下来相当于步行了20公里。凭着强烈的使命感和责任心，江苏建设参与鸟巢工程的员工两年中无一人请假回家。在鸟巢工程每月工程进度、工程质量、现场管理评定中，江苏建设每次排名都稳居前两名。

当这座融汇了最新建筑科技的建筑亮相后，江苏建设不仅凭借此项工程荣获了包括鲁班奖和全国建筑工程装饰奖等最高奖项在内的诸多荣誉，公司的实力也受到市场高度认可，重大项目纷至沓来。中刚非洲银行股份有限公司新大楼项目（境外鲁班奖）、援老挝国际会议中心（境外鲁班奖）、援柬埔寨国家体育场、埃塞俄比亚国家体育场、援柬埔寨友谊医疗大楼项目、埃塞俄比亚商业银行新总部设计与建造工程……江苏建设的标志出现在了全球建筑工程工地，也将中国建筑装饰发展的新履历烙在了世界行业卷宗之上。

"把心底的美好变成眼底的景色，靠的是匠心、悉心和细心。"杨大伟总是这样对年轻人叮嘱。

建筑，筑于心间的梦想

清代诗人赵翼曾这样寄语未来："预支五百年新意，到了千年又觉陈。"赵翼的预言在他家乡成为现实。

满眼生机转化钧，天工人巧日争新。转眼间，江苏建设进入代际传承阶段，"80后"董事长杨光成为江苏建设新一代掌门人。

两代企业家如何在新环境中顺利、高质地完成交棒？杨氏父子在情感、理念、价值认同、责任传递等方面找准契合的锚点，以更多的创新实践为民营企业的更迭打造了样本。

2015年，杨光学成归国，从行政基层岗位做起，学习熟悉业务。仅仅在北京项目公司的一线，杨光就干了2年。踏实、努力，杨光逐步进入管理者角色，对公司的发展也有了自己的思路。在父辈搭建好的成熟团队与机制基础上，杨光的发挥空间显然要大很多。

1992年至2023年，从杨柳巷到桃园、化龙巷，再到九洲寰宇，最后到钟楼区江苏建设绿色装饰产业园……"30年来，我们见证了祖国的非凡巨变。我们不仅是社会发展的见证者，我们还是美好生活的建设者，我们在'见证'和'建设'中不断成长！"杨光如此看待已然跑出业界加速度的江苏建设。

公子温润，重剑呈锋。杨光领衔下的江苏建设致力的不仅是空间概念的建构，还有时间维度的坚守和扎根于心间的追求。他更愿意在"时间、空间和心间"这三个维度让江苏建设顺势前行、逆势扬帆、蓄势谋远。

企业发展与人民美好期待如何双向奔赴？时代大势与创新成长的供需两侧如何完美呼应？杨光有自己的思考。

在杨光看来，高端制造是未来发展的趋势，尤其常州"新能源之都"的打造必然带动相关制造业的快速发展。任何项目的建设都需要基础建设，其中必然蕴含了不少江苏建设可以参与的项目商机和服务空间。杨光将公司主要工作抓手调整优化,积极参与本土耕耘,达到常州本土与外地项目占比相当的水平。"在我看来,我们不是单纯建造房屋的工人,而是从事服务的团队,要从客户的诉求出发,满足装饰建筑相关的全方位服务。我们转变得越快就与市场贴合得越紧。"杨光认为,传统产业完全可以在新兴市场里找到自己的落脚点和发展点,搭乘新兴业态快速发展的东风。

与初创时期主要由决策者力挽狂澜不同,江苏建设现在更偏向集体决策、民主领导,这是父子两代共同的认知。"我从来不以家族企业来看待江苏建设。当老板首先要考虑的就是股东和员工,而不是自己、自家。"杨光认为,自己的迅速成长得益于父亲的放手,在具体事务上施展才能得益于父亲在企业管理制度上的认同。在江苏建设,主打的是单项工程合伙制,而不是过去惯用的承包制。即一个项目的组建将联合各个部门,老板充分授权,责任与收益挂钩,每个部门都不是打工者心态,而是合伙人心态,不仅保证了施工质量,还有效提高了工作效率。另外,凡遇到重大项目需董事会决策的,均须无记名投票,超过半数才可施行。"企业不是靠个人的,企业是全员成就的。"杨大伟从华为的管理机制中萃取适合江苏建设发展的精髓,杨光则将这点发扬光大,引入更多的现代化运营流程,因人施用,鼓励员工深造,以个人提升带动企业升级。面对30年老企业的速度优势与传统,就任董事长后的杨光强调现代化企业的效率、专业与责任。

在企业社会责任与企业文化方面,杨光同样延续杨大伟扬正气、走正途、宏正义的大格局理念。一方面注重企业基层党组织建设,另一方面关注困难群众，热心社会公益事业。2020年，江苏建设发起"众志成城·共抗疫情"募捐活动，共筹集爱心善款30万元，全部定向用于湖北黄石疫情防控；自2021年起，江苏建设参与针对困境青少年群体启动的"梦想改造＋"关爱计划，以实际行动为爱接力，捐助10万元支持梦想小屋创建；2022年，江苏建设与常州大学教育发展基金签约，捐赠50万元作为常州大学江苏建设教育发展基金，用于音乐与影视学院事业发展；同年依托"明灯计划"公益性项目为新闸街道部分青少年儿童提供护眼灯及一系列爱心公益课程……发于点滴、行于心田，皆为美好。

杨光梦想中的江苏建设，既是一艘视野宏阔、行稳致远的"行业航母"，更是一艘有格局、有温度、有担当的"时代方舟"。

云程发轫，万里可期。

记者手记

在杨大伟的脸上，坚毅的眼神与淡然的神情可以融洽并存，黑白色的简约衣着也能透出决策者的果决气质。这是经历过企业发展大开大合浪潮的人物——在企业濒临倒闭时力挽狂澜，在援藏驻地一心一意笃志拼搏，在参与鸟巢等国家地标项目时与工人同吃同住不离岗半分……就这样，杨大伟带领的"江苏建设"将中国建筑装饰发展的漂亮成绩单亮在了世界面前。公子温润，重剑呈锋。杨光作为江苏建设年轻一代引路人，沉稳持重、眼光独具。他在传统行业竞争的红海里找到了升级服务、跨业合作的门径。相信"江苏建设"很快就可以搭乘新时代新业态发展的东风，开始全新的航程。

传承如"金"　培"士"扶"木"

杨志余（左二）　杨豪（左一）

工程离不开安全，安全离不开监测，监测离不开"高精尖"的仪器设备。20世纪90年代的长荡湖畔，金土木从杨志余自强不息的梦想中萌动，在改革开放的春风中萌芽，从古镇儒林起步，凭着一股闯劲、韧劲和干劲顽强生长。一路走来，这家曾经名不见经传的"乡村小厂"逐步成为我国"高精尖"仪器设备智造的排头兵。2004年，从小在零件堆中长大的杨豪，在父亲杨志余创业精神的感染下，从海外学成归来，也成为金土木的一分子。他从基层做起，将年轻人的活力和朝气带入事业，将创二代的眼界和担当融入公司，更将事业的追求、创业的激情、科技的梦想写入金土木的未来宏图。在金土木的金光大道上，父子写下奋进接力、共绘事业新图的发展佳话。

办企业，诚信是根本，产品质量是生命

杨志余是常州金土木工程仪器有限公司的创始人。他为人朴实，少有豪情壮语，在经营中却有一句名言："办企业，诚信是根本，产品质量是生命。"这句话成了金土木推动企业发展的核心理念。

农村走出的孩子，更明白父母的辛劳。为了减轻父母负担，高中阶段，杨志余就在校办工厂勤工俭学。彼时，南京水利科学研究院找到校办厂做传感器结构件的外加工。这个机缘巧合让杨志余对工程监测仪器产生了浓厚的兴趣。高中毕业后，因品学兼优，他经学校推荐，顺理成章进入校办厂工作。

1990年，改革春风劲吹，交通、道路、水利、桥梁等工程大量兴起，土木工程仪器市场快速扩容，善于动脑的杨志余看准机会，果断打

破"泥饭碗",裸辞创业。回想当初,他的胆子可谓"撑破天"——开办资金总共才4万元,创业的车间是不足40平方米的简易小屋,他既是老板,又是技术骨干和销售员。产品问世后缺乏竞争力,市场并没有给初来乍到的杨志余以鲜花和掌声。

开弓没有回头箭,为了求得企业"活下去"的机会,杨志余以三顾茅庐的诚心到南京水利科学研究院、同济大学等院所向专家教授登门求教,请求他们帮助工厂提高产品质量。他的诚意最终打动行业内知名的专家,帮助他找到问题的症结,大大提高产品质量。有了过硬的质量,杨志余的一双"硬脚板"也更加有力了。他背起样品跑市场。饿了,用自带干粮充饥;渴了,喝口凉开水解渴。上海、合肥、济南、南京……哪里有需求信息,他就马不停蹄上门推销产品,不厌其烦地宣传,让客户先测试、后使用,达效果后再付款。其间,

金土木新厂区效果图

这个曾经不善言辞的人不知吃了多少次闭门羹，但他始终不灰心、不泄气。精诚所至、金石为开，金土木的产品最终以高质量、低成本、真诚心打开了销路。

对产品质量的真抓严管、对客户的真诚真心从一开始就为金土木的发展奠定了良好基础。待公司进入发展正轨后，杨志余对这个朴素的经营理念从来没有轻视，反而更加重视。在他的推动下，公司上下树立"高效、优质、精干"的企业形象，把诚实可信作为企业的看家宝，把优质优品作为企业的定海神针。花大力气、凭真功夫组建企业工程技术研究中心、质量检验测试中心，按现代企业管理制度要求规范相关工作，并于1998年通过了 ISO9001：2000 质量管理体系认证，于2007年通过了 ISO14001：2004 环境管理体系认证，取得了全国工业产品生产许可证，为发展奠定了坚实的基础。与此同时，杨志余紧抓科技创新不放松，与国内著名高校开展产学研合作，金土木先后承担国家火炬计划项目和江苏省火炬计划项目各2项、国家级重点新产品3项、江苏省高新技术产品3项，并取得发明专利1项、实用新型专利4项；企业先后参加了6项国家标准的起草工作（GB/T 13606-2007 土工试验仪器 岩土工程仪器 振弦式传感器通用技术条件等），凭"诚信"和"品质"在行业中赢得了广泛赞誉。

有追求有人情味，公司才能有更大的竞争优势

从校办厂技术员到民营企业家，杨志余对"知识"二字格外珍视，对"人才"二字格外看重。1998年，当公司发展有了一定起色后，杨志余就下定决心"回炉再造"，参加上海同济大学函授学习。

此后 3 年，他克服实际困难，按教学要求不折不扣认真学习，终于在 2001 年顺利拿到大学本科文凭。"回炉"的 3 年不仅开拓了他的眼界，丰富了他的知识结构，也在金土木公司中营造了重知识、重人才的浓厚氛围。

金土木是从金坛儒林镇起步的企业，创立之初的很多员工是本地人。他们从阡陌田野中洗脚进厂，与企业一起成长，对企业的认同度高，但文化水平、专业能力欠缺。为了培养好本土人才、鼓励创新的氛围，杨志余不仅自己学，而且支持员工一起学，员工只要在职考上大专或本科，企业就负担他们的全部学习费用。对于好学上进的职工，杨志余还给予物质奖励。有人问杨志余为什么肯花那么多钱送职工上学，他说答案很简单："人才是企业不断发展的根本，培养并用好本地人才，能吸引外地有用人才。"正因为有这样的理念，金木土虽然身处乡镇，却如一块磁铁，吸引很多外地大学生和行业专家，与企业携手，实现双向奔赴。

杨志余认为，有追求有人情味，公司才能有更大的竞争优势。因此，"爱客户、爱员工、爱企业、爱奉献"是他的座右铭，也是金土木企业文化建设的永恒主题。他说，客户是上帝，更是朋友，唯有捧出真心、做出精品，提供高品质的服务，才能对得起客户的信任，才能在激烈的市场竞争中走得远、走得稳。员工是家人、是主人，更是共同的战友，"只有善待员工，员工才能善待企业，才能爱厂如家，企业才有凝聚力，才有发展后劲"。

日常工作中，杨志余不机械、不教条，不唯管理而管理，而是通过走心的方式激发员工的主人翁意识。比如，在分配上，金土木很早就开始实行全员基本工资加效益工资，按月评比，足额发放，年终评比，及时奖励，把员工的心凝聚在产品质量上、"捆绑"在企业效益上。公司还经常组织员工外出参观，开展演讲比赛，建立了阅览室、篮球场、乒乓球室，处处为员工营造舒畅宽松的工作生活环境，让"人性化""人情味"真正体现于金土木的企业文化之中。

杨志余从4万多元起家，克服重重困难，逐步让金土木发展壮大。产品应用于南京、上海、广州、深圳等大城市的地铁，上海浦东国际机场，京沪、京广、沪杭高速公路，河北丰宁水库，甘肃玉门昌马水库大坝等多项国家重点工程安全监测领域物理量的测量。企业先后被评为金坛"重合同、守信用"单位、常州市工商联优秀会员，获得常州市技术监督局颁发的"计量合格确认单位"和"先进企业"奖牌，并荣获江苏省科技进步三等奖。

年轻人早一点摔打比晚一点摔打要好

杨豪是常州金土木工程仪器有限公司的法定代表人、总经理。作为"80后"，他从小在父亲工厂的零件堆里长大，受父亲的影响，他从小就对机械零件颇感兴趣，父亲善良的品质、吃苦耐劳的精神深深感染了他。杨豪说，自己很佩服很敬重父亲，2004年留学回国后，就毅然选择回到家乡、回到公司工作，并从一线做起，努力让自己成为合格的金土木人。

对于下一代的传承，杨志余有自己的一套办法。他认为，要相信年轻人，要让他们多学多看、学会吃苦；同时也要放手给年轻人压担子，市场风云诡谲，"年轻人早一点摔比晚一点摔要好，年轻人跌倒了再爬起来，他们的恢复能力要比我们强"。

　　杨豪在公司的"入职课"，是从上海洋山深水港的建设工程开始的。上海洋山深水港由大洋山、小洋山等数十个岛屿组成，体量很庞大。作为安全监测设备安装的中标单位负责人，杨豪全程参与了相关工作。当时，杨豪要负责把设备先从金坛运到上海码头，再从上海码头转运到大洋山、小洋山。刚到洋山港时，那里什么也没有，唯有海风呼啸和沙尘飞扬。能遮风挡雨的只有一座废弃了的防汛看护房，从国外留学回来的杨豪此前并没有吃过这样的苦，但是杨志余并没有"手下留情"，直接把最苦的活派给了他。杨豪清晰记得，在洋山，捧着饭碗蹲在地上，一阵风刮过，碗里都是沙子。日晒风吹，一个月下来，"白面书生"被晒成了"烧碳翁"，但父亲没有心软，他也没有退缩。2005年12月份，洋山深水港区一期开港，成为中国最大的集装箱深水港。

　　参与南京长江隧道建设也给杨豪留下深刻的印象。南京长江隧道总长5853米，是中国长江上隧道长度最长、工程难度最高的工程之一。2005年3月，南京长江隧道建设工程奠基，9月开工。由于工程施工难度大，甲方对供应商的要求很高。为了在竞标中胜出，杨志余又给杨豪压了新担子，主要负责和金土木的专家团队、相关科研院所的协作对接，在科技攻关中发挥企业能动性，破解江底隧道工程安全监测设备安装的技术难题。这是极富挑战性的工作。面对杨志余"零误差"的要求，杨豪绷紧神经，从监测产品的生产到设备安装直至调试，不敢有丝毫懈怠和马虎。功夫不负有心人，在最终的竞标环节，常州金土木凭借出色的表现一举中标。当时参与

金土木生产车间内景

工程竞争的还有一家美国公司，虽然美国公司的报价低，但甲方最终还是采用了常州金土木的仪器监测设备，这让杨豪很自豪，也让他真正感觉到，只有自身产品过硬才能立于不败之地。

2014年，杨志余再次将压力下沉，当起了"甩手掌柜"，由杨豪出任公司法定代表人、总经理，全权负责公司经营。这一棒交得可谓干脆，一副沉甸甸的担子压在肩膀上，杨豪彻底感受到管理公司的不易。好在父亲杨志余"成长需要试错、勤于学习、自我完善"的话语给了杨豪不断前进的动力，常州市、金坛区工商联系统也给予及时的帮助和服务，这让杨豪的信心越来越强、方向越来越清。

杨豪接任总经理后，随着土木工程领域竞争日趋激烈，公司面临巨大的转型压力。在经过大量市场调研后，杨豪毅然决定突破传统机制，在企业内大胆推动人事改革、技术创新、产品迭代。推动内部改革，必然要突破一些老传统、老思维，压力和阻力随之而来。关键节点上，杨志余支持杨豪，不但扛住了压力、顶住了阻力，还有力统一了员工的思想，提出"不做简单的设备供应商，而是立足互联网并优化服务"的新思路，推动金土木走上新赛道。在技术创新上，金土木步步登高：2019 年，常州金土木工程仪器有限公司（主要完成单位）承担的"岩溶区桩基承载机理与施工、监测成套关键技术"项目被评为"中国公路学会科学技术奖"；2020 年，由金土木参与的"建构筑物桩基成桩质量控制与变形预测预警技术"科研成果获评山东省高等学校科学技术奖一等奖；2022 年，金土木参与GB/T 41192-2021《岩土工程仪器 振弦式反力计》国家标准的起草工作。在市场拓展上，金土木也佳绩频传，目前公司用户涉及全国 20多个省市自治区，产品远销新加坡、俄罗斯、日本等国家。未来，公司还将实现数字化转型，加大研发投入，完成产品的数字化迭代升级，紧跟数字化时代的步伐。

做人做事要从良心出发

在杨豪的心目中，父亲杨志余是很有情怀的人。他说："父亲虽然不是共产党员，只是农民的儿子，但始终爱党爱国爱家乡，将'做人做事要从良心出发'作为自己的行事准则，处处保持律己利人的美德。"事业有成后，杨志余远途出差，完全有条件乘飞机、住星级宾馆、穿名牌服装，但他没有这样，能坐火车的尽量坐火车，衣着大众化，不进高档饭店，不抽烟、不喝酒、不赌博。对于农村修路、电网改造、慰问烈军属、关爱五保户、支持失学少年重返校园、茅山老区扶贫、抗洪救灾等事情，杨志余却从不吝啬，实现"取诸社会、用诸社会"的愿望，受到乡亲们的称赞。杨豪说："父亲的身体力行是自己最好的榜样，一直影响着我的成长。"因此，在做好企业的同时，他踏着父亲的足迹，积极做好"企业"之外的事，努力做合格的党员。

2020年9月22日，杨豪思考着一件事：作为企业家，总要为社会做点什么，不但"应为"，更要"善为"。于是，他把目光瞄准"体医融合"，开始参加助推"健康城市、活力金坛"建设的公益工作。特别是当选政协常州市金坛区第十一届委员会委员后，杨豪的关注重点更加明确了，主要有三方面内容：一是如何以社区为

安徽理工大学研究生校外实践基地挂牌仪式

基点，构建体育健康促进的操作平台；二是如何通过惠民惠企政策，加强体育设施建设，惠及人民大众；三是如何加强青少年体育锻炼，培养健康活力的新一代。在此过程中，杨豪主动与相关部门进行沟通，积极建言，认真提案。让杨豪高兴的是，在金坛区文旅局和卫健局等部门的支持下，杨豪带领金土木体育公益活动大使走进校园，为青少年宣讲健康知识和体育常识，培养青少年养成健康的体育习惯，帮助他们爱上体育、安全运动。此外，他也推动公司积极赞助本地区体育赛事活动，如江苏青少年篮球赛、金坛区企事业单位篮球赛、金坛区"35+"篮球赛、金坛区俱乐部篮球联赛等，为本地区的体育健康事业奉献豪情与力量。

企业传承的核心要素，不是机器设备，不是资金，不是厂房，而是精神和价值观。常州金土木工程仪器有限公司不仅用"诚信精神"筑牢工程安全"防火墙"，也在父子两代的"价值共振"中构建起企业健康稳健发展的核心动力，助力企业在新时代的金光大道上奋力驱驰！

记者手记

为您提供广泛的解决方案和完善的技术服务，争做尖端技术创新能力的行业先驱，给您充分的信任与信心，积极传扬生生不息的向上与开拓精神。多年来，金土木以人为本、以信立企，企业文化笃实而有深意。都说企业家作为企业生产经营的决策者，是企业文化的倡导者和缔造者，更是企业文化建设的人格化代表。作为企业的创始人，杨志余培育了金土木；作为企业的接力者，杨豪壮大了金土木。父子两代的矢志接力、持续奋斗让金土木这棵"科技之树"枝繁叶茂、花开似锦，这一切，都离不开父子两代企业家对企业文化的重视与培育，对"责任"二字的理解与践行！

常州市玉蝶特产食品厂　　陈建新　陈雪波

"舌尖上的非遗"

陈建新（左一）　陈雪波（左二）

"常州有一怪，萝卜干作下酒菜。" 香脆爽口的萝卜干早已深入龙城市民味蕾记忆，成为一份蕴积沉淀的乡愁。享誉中外的玉蝶牌萝卜干创始人陈建新的创业历程和二代陈雪波接班的故事，给我们上了一堂生动的非遗传承之课。

陈建新：在平凡中坚守

"我 7 岁就帮父母削萝卜头尾，17 岁中学毕业学做萝卜干，今年我 73 岁，这一行我干了 56 年。" 常州萝卜干制作技艺项目的第四代非遗传承人——陈建新，这样介绍自己的经历。从他曾祖父辈开始，就以种萝卜、做萝卜干为生。小小年纪的陈建新，放学回家就开始帮父母削萝卜头尾。腌制萝卜干有严格的时间限制，一般是入冬小雪后（11 月 23 日左右）收萝卜，大寒小寒两个月开始加工。腌制的过程是：先把带泥的萝卜洗净，切成粗细均匀的条块，然后要分两次进行腌制。第一次，按每百斤萝卜加盐 3 斤的比例，拌匀揉透，分批入缸；第二天萝卜出缸，趁着早晨 7 点钟太阳升起，放在芦匾上晒三天。第二次腌制时，每百斤加盐 6 斤和香料若干，拌匀，撒入半成品中，分批入缸，腌制 45 天左右，中途翻 7 次身，萝卜干就可以装坛贮藏或食用。

冬天很冷，陈建新帮父母削萝卜须、萝卜头尾，小小的双手不知道挨过多少伤，常常要忙到夜里 12 点才能睡。父母只能睡两三个小时，一般每年要收五六万斤萝卜，才能加工成两万斤左右的萝卜干。

17 岁那年，陈建新只读了一年初中，遇上 1966 年 "文化大革命" 爆发，作为净农户，没工作可做，陈建新回乡正式开始加工制作萝卜干生涯。

在陈建新看来，常州萝卜干之所以好吃，就是因为使用了红皮萝卜。常州红皮萝卜最早发源于哪里、常州萝卜干的制作究竟起于何时，现已没有确切的文献资料记载。据1927年的《武进年鉴》记载，当时新闸北港地区红萝卜的种植面积为19042亩，每年鲜萝卜总产量高达571270担。

好的产品必须有好的原料，好的原料必须有好的土地种植。1980年改革开放初期，陈建新去滆湖农场，当时的农场围湖造田有一个林场，陈建新和林场书记见面后说明来意，双方相谈甚欢。林场给了70亩地种萝卜，不收租金，但萝卜叶子要留在地里做肥料。半年后，萝卜大获丰收。陈建新去宜兴丁山买了毛竹、陶缸，去寨桥买了芦匾，收获的鲜萝卜就在当地加工。萝卜干包装用的是塑料袋，袋口用撕裂带扎紧，半斤一袋，放在橘子篓中，每个篓放200袋，第一次装了200篓，用船运到苏州，停泊在阊门码头（历史上苏州阊门是各路商贾云集之地），苏州供销合作社李主任闻到扑鼻香的萝卜干，乐开了怀，当即决定全部收购。陈建新人手少，扛不动，李主任喊来30辆三轮车，一会的功夫，200篓就全部运走。当拿到6000元销售款时，陈建新思绪万千，当时每个工人月工资只有24元，6000元简直是巨款了。陈建新回常州途中，在苏州运河边买来土窑烧制的瓦、青砖，回北港造了当时钟楼区最气派的青砖绿瓦新房。

"民以食为天"这句老话永远也不会过时，老百姓对萝卜干的喜爱中蕴藏了无限商机，可不能让"萝卜干文化"断了档。于是，陈建新吃定了这碗"萝卜干饭"。1983年，在当时的北港乡政府和陈建新的努力下，常州玉蝶食品厂成立了。

2006年6月18日，陈建新在《常州晚报》上看见了一个新鲜词：非物质文化遗产。他发现，常州萝卜干腌制技艺也能进入这个范围。

当时全国的非遗工作进展比较慢，大多数人不知道非遗是什么含义。凭着敏锐的商业意识，他预感到有价值的东西才能列入非遗，这是一个机遇。第二天早晨8点半，他骑着自行车，拿着这篇文章找到市文化局相关负责人，询问如何申报。也不知经过多少周折，从区文化馆到市文化局；从领导调研、现场勘查，到专家评审，过五关斩六将，一路惊心动魄，终于把非遗申请成功。有人问他："别人都嫌麻烦不肯申报，你怎么想到要主动申报非遗？"陈建新说："我看见了非遗的含金量。"

是的，凭着这块含金量高的招牌，玉蝶牌萝卜干插上了飞翔的翅膀，进一步飞进千家万户。

在20世纪80年代，常州萝卜干尤其受到上海人的青睐，"做多少要多少，全部打包走。一年的产量，两个月就能卖完。"陈建新回忆到："当时上海有一个果品公司老板名叫朱钮山，夫妻俩就住在我厂里，几十万斤的萝卜干全部包销。"面对这样的市场前景，看到机会的人一哄而上，四处如雨后春笋般冒出百余家萝卜干生产企业。"100斤的鲜萝卜只能做30斤的成品，但是有的企业能做50斤，甚至60斤。"陈建新说，"所以如果我们卖5毛一袋，人家就只卖3毛钱一袋。为了利益最大化，都顶着常州萝卜干的招牌，外地的客户们一下子就转向从更低价的厂商那边拿货。由于恶性竞争，我们不肯偷工减料，最后就走到了濒临关门的窘境。"到了90年代初，玉蝶萝卜干厂几度徘徊在倒闭的边缘。"年底的时候，看着今年的年都过不了了，想想明年应该做什么呢？"企业发展元气大伤。但是最让陈建新和员工们痛心的是，这种低价的萝卜干外销之后，一段时间内外地形成了常州萝卜干质量不好的印象。"常州特产是常州人的宝贵财富，败在我们手里，不甘心啊。"

"我宁可挣不到钱，也不偷工减料、不降价。"陈建新带着一股子常州农民淳朴的"憨"劲、"韧"劲，牢牢坚持着做人的准则，坚持原则，坚守底线。长久的坚持终于换来了希望的曙光。2015年《食品安全法》出台，企业真正"迎来春天"。"《食品安全法》出台以后，市场监管严格了，特别是在食品添加剂这一块严格控制。没有了防腐剂，部分企业立马原形毕露，大量的产品短时间内变质，最后他们就退出了竞争市场。100多家企业最后只剩了几家。"陈建新说。靠着祖祖辈辈的经验和自己的研发，玉蝶用独创的技术使萝卜干在风味极佳的同时延长了保质时间，赢得顾客的青睐。

"那些最初的客户，又纷纷重新打电话给我们。现在，全国的连锁大卖场都有我们的产品，常州的市场占有率更在90%以上。不夸张地说，我们企业内部只要抓好质量和管理，营销从来不用我们去担心，都是人家主动找上门来。"陈建新说。

陈建新思绪万千：常州"食文化"博大精深，萝卜干虽然属于佐食酱菜，但作为非物质文化遗产，其中蕴藏着古老的工艺和传统文化，这些技术和文化都需要进行系统性保护、传承和发展。根据祖辈口口相传的腌制萝卜干秘诀，陈建新写下了洋洋万言的《常州特产"五香萝卜干"发展史》，其中既有祖传"秘笈"，又有自己

长期摸索出的经验与心得。比如，怎样在大旱或者大涝的条件下依然种出好萝卜？怎样让一千亩地种出的萝卜大小均匀？怎样在防腐剂低于国家标准的前提下，让腌制出的萝卜干不易变质？萝卜干在45天的腌制期内要翻7次身，其中的时间间隔如何确定？陈建新在书中一一解答。

玉蝶牌五香萝卜干保持了一贯的香、甜、脆、嫩，又随着时代的发展发生了一系列脱胎换骨的变化，在全行业中事事领先，创造了多个第一：第一个不用陶坛，改成纸箱包装；第一个用真空复合袋包装，增加了保鲜时间；第一个用机械化流水线生产，解决了原来长期无法改善的生产环境问题；第一个注册商标，有了自此沿用40年的"玉蝶"商标；第一个在常州萝卜干酱菜行业取得了QS标志；包装袋上第一个印刷条码；第一个拥有了千亩无公害优质红萝卜种植基地；第一个登上了国内外大型超市及百年老店的货架；第一个且目前行业内唯一获得"江苏省非物质文化遗产"和"江苏老字号"称号……

琢磨萝卜干成为了陈建新闲暇时的一大爱好。从萝卜选种到萝卜种植，再到萝卜干腌制方式，他无一不琢磨。2005年，他在耗时6年后，终于选中了东台黄海森林公园旁的一块"处女地"，专门种植由自己育种的红皮萝卜。在这片土地上，陈建新埋头苦干，手把手教当地农民种萝卜。"没有优质的红皮萝卜，常州萝卜干的魅力会大打折扣。"

今年73岁的陈建新说起玉蝶牌常州萝卜干的现状时认为，他最

玉蝶厂区外景

大的成就就是培养了两个非遗传承的接班人，儿子陈雪波和亲外甥徐进，他们都有做好一块常州萝卜干的初心，这是常州萝卜干能传承下去的关键。

陈雪波：在传承中创新

1978 年出生的陈雪波是陈建新的儿子，2000 年大学毕业后，用他的话来说在外面"浪"了一年，回到常州后，跟随父亲帮着打点厂里的事，开启了接班的生涯。

"当时家里条件不好，买不起车。为了销售，我就租了辆面包车，一天 200 元租金，把货拉到无锡，找个地方停下来，算中转站；然后骑着三轮车，一家家小店去推销。一天一条路线，我的足迹遍布苏州、无锡的所有小乡镇。夏天的萝卜干生意特别好，无锡、苏州人喜欢用萝卜干配白米粥。"为什么要这么辛苦一家家亲自去跑，不通过经销商？对此，陈雪波的回答是："乡镇小店都是直接结账，不欠款。"直接和商家面对面接触，本来腼腆内向的陈雪波逐渐培养出外向性格，也锻炼了他能用市场的眼光看问题。销售在玉蝶牌萝卜干的发展中起着重要的支撑作用，陈雪波在公司负责起了销售。

销售能锻炼人。"你可以培养起以市场为导向的思维模式，更好地贴近用户。" 陈雪波说，"我们推出新包装，30 克一小包，10 包一盒，无论是吃、携带，还是储存，都很方便，老少皆宜，当零食也不错，跟现代生活很贴近。同时我们推出新的吃法，江阴一家月饼生产厂用我的玉蝶牌萝卜干做馅，口感很好，卖得也不错。这种萝卜干馅月饼一经推出，市场反响很好。我们和中吴宾馆合作的萝卜干炒饭被作为行业标准进行推广。为了进一步把产品推向更大的市场，我们通过常州出港的航班，把玉蝶牌萝卜干作为零食发放到航班上的每个客人，让东北、海南等以前没有销售的城市也产生了订单。根据各地的口感要求，将萝卜干调整成偏咸、偏辣的口味，在西安、大连、开封等地销售。"

常州大街小巷的亿家乐早餐点，平均每天要销售200袋萝卜干。2022年疫情期间，陈雪波组织人员通过丽华快餐送餐车专门送一卡车3吨萝卜干供应上海。作为保供产品，常州商务局还要求再提供一万份供应上海。

包装出新，增加食用范围，进一步拓展市场，是玉蝶牌第五代传承人陈雪波"上位"后的主要工作。融入时代精神，才能让非遗世代相传。自主研发的全自动切片机是在陈雪波手里完成的又一个重大项目。以前切萝卜条，都是人工，费时费力，有时往往会被员工牵着鼻子走，所以陈雪波要研发机械化切片。虽然想法很美好，但是真正实现起来很难。因为这样的设备全国都没有现成的，要自己琢磨，和厂家一起研发。带着这样的问题，陈雪波来到成都全国食品机械展，找到了浙江一家设备厂，专门针对常州萝卜干的要求设计出一款全自动生产机。"这是一个前无古人的事，我们和设备厂工作人员，从设计图纸到机器打样，再到正式运行，足足用了两年多时间。"现在的全自动生产机，可以自动上料，上面的衡器能够精确到正负0.5克称重。这样的效率比以前更高了，一天的工作量相当于10个工人。

非遗传承，能变的是什么？不能变的是什么？

陈雪波认为，能变的，是不同时代下对手艺的理解和所打造产品的外观；不能变的，是产品的质量，是传统文化的根和内涵。"我们坚持传承、采用古法，但这并不代表一成不变、原地踏步。"陈雪波表示，时代在发展变化，消费者的口味也在不断地发生变化，这就需要玉蝶萝卜干与时俱进，不断研发新的产品，满足消费者需求。"现在已有原味、微辣、油辣 3 种口味 17 种规格，可以满足各种顾客的要求。"陈雪波对记者说。

"为了使萝卜干文化走向全国，2018 年我们开始打造工业旅游。如果想了解常州萝卜干的历史发展和制作工艺，我们这里的工业旅游点是必选之地。"陈雪波说，为了做大工业旅游项目，工厂专门建设了萝卜干展馆，在 600 多平方米的馆内，通过大量实物、文字

玉蝶生产车间

乐童户外课堂来到玉蝶萝卜干生产基地研学

和图片资料展示了玉蝶萝卜干发展的百年历史和制作技艺，让人们在这里可以感受非遗文化、感受匠人精神。在萝卜干展馆，每年都会有好多学生前来研学，看着孩子们用天真好奇的眼神盯着展陈物品久久不愿离去，陈雪波感叹："把非遗做成文创、做成旅游，一定离不开传统文化，要去传统文化里找到文创的内涵和意义，文创才能有灵动的精气神。"

上阵父子兵，传承匠心行。陈建新和陈雪波两代人虽然年龄不同，但对卓越品质的追求有着相同的执着与严谨。

陈雪波说："父亲时常告诫我，做人和做萝卜干一样，要真材实料，切勿贪慕虚荣。" 陈老很注重自己的家风，对子女也是严格要求。"做人要像红萝卜一样，清清白白做事，要像萝卜干一样挤掉水分，脚踏实地。" 正是有这样一份心境，陈氏家族的萝卜干事业才能延续百年，正是有这样一种家风，这门手艺才能传承五代。"传承这件事，任重而道远。当前很多非遗技艺后继无人，传统技艺逐渐消亡。如何守住初心、做好传承、顺应时代、敢于创新，使手工技艺传承下去，是我们这代人面临的挑战。"如何保护好祖辈传下来的萝卜干，陈雪波用韧劲、稳劲与拼劲，交上了一名年轻非遗传承人的青春答卷。

所谓经营理念，是经营者对创办或经营企业的目的的思考，也是对企业存在价值的思考。玉蝶父子融合的过程，实质上是市场战略理念融合的过程。二代接班、非遗传承，能变的，是不同时代下对手艺的理解和所打造产品的外观；不能变的，是产品的质量，是传统文化的根和内涵。涵养传统美德，玉蝶基业才会长久稳固；融入时代精神，才能让非遗世代相传。

常州市凯迪电器股份有限公司　周荣清　周殊程

构建"精神链接"　开启"传承之钥"

周荣清（左一）　周殊程（左二）

成立于 1992 年的常州市凯迪电器股份有限公司深耕线性驱动行业 30 年，是以智能科技为核心、以制造业为基础，集线性驱动系统研发、生产、应用研究、海内外营销于一体的全流程服务型上市企业。2020 年 6 月 1 日，凯迪电器成功登陆 A 股市场（股票代码：605288），掀开公司改革发展的新篇章。凯迪电器的成功离不开周荣清披荆斩棘的魄力，也离不开周殊程敢闯敢试的勇气，更离不开全体凯迪人风雨同舟的努力。周家父子正用自己的方法，一笔一画、脚踏实地地写好这部凯迪发展史。

春潮滚滚扬风帆

与西方工业革命的历史相对照，草根工业无疑是中国农民的一个了不起的创举。

——费孝通《小城镇再探索》

1992 年，邓小平南方谈话掀起了全国民营企业发展的浪潮。同年 8 月，周荣清成立了主营生产电子控制产品的武进县富达电器厂。刚开始，线路板代工业务做得非常好，富达电器厂一跃成为当时的"民企新秀"。但周荣清的"野心"远不止于此，他对未来的主营业务及技术发展进行了长远的思考，凭借自身的产品及早年五金厂的工作经验，将眼光精准定位到"线性驱动器"这款产品，大刀阔斧地调整业务方向，并长期多措并举推进技术研发攻坚工作，最终突破国际巨头在该行业的垄断局面，铸就今日凯迪。

从代加工到专营线性驱动行业，自研自产自销，凯迪电器在时代的浪潮中沉浮数次，从不言退。周荣清以其独到的眼光牢牢把住

1992 年常州凯迪电子公司成立仪式

凯迪前进的船舵，不断推陈出新、激流勇进。谈到自己的创业史，周荣清的语气里难掩自豪与激动："吃苦耐劳真的很重要，凡事要自己去试、去做，光纸上谈兵毫无用处。做我们这行，画个图、做个表很简单，但要说出如何做、怎么拼装，甚至是打磨流程，才是真本事，这一定要在车间里一点一点认真学。"每次周荣清去车间都会留意工人们的手，"油汪汪"的手最让周荣清欣慰，"这种苗子我们就要好好培养"。

早年的周荣清是标准的"工作狂"。周一到周五正常上班，周六、周日也泡在厂子车间里，节假日更是从不休息。即使是大年夜，周荣清也要工作到下午 3 点，儿子央求父亲带他去置办些年货，却发现集市早就歇业……大年初一早晨 9 点，周荣清已经坐在办公室看当天的报纸了。这样的习惯坚持了几十年。

1992 年成立，2003 年 4 月推出沙发推杆产品，2008 年 3 月推出办公台推杆产品，2013 年 12 月成立美国凯迪，同年成立欧洲办事处，2016 年 6 月成立欧洲凯迪，2018 年成立越南凯迪，2020 年正式上市，2021 年 20 万平方米总部新园区陆续投入使用……30 年凯迪征程，周荣清的大半辈子都与这个名字牢牢捆绑。

清风习习润小荷

予独爱莲之出淤泥而不染，濯清涟而不妖，中通外直，不蔓不枝，香远益清，亭亭净植，可远观而不可亵玩焉。予谓菊，花之隐逸者也；牡丹，花之富贵者也；莲，花之君子者也。

——周敦颐《爱莲说》

生于北宋天禧元年的湖南人周敦颐，是我国继孔孟之后的一代大儒家及宋明理学奠基人，也是横林江村周氏始祖，近年被联合国教科文组织列为世界 36 位历史名人之一。周敦颐的后裔分别移居无锡与绍兴后，到 13 世显忠公周骞一代，开始定居在武进横林江村，这些周敦颐的后人便在当地建造了一座爱莲堂。

作为爱莲堂后人，周荣清对《爱莲说》的感悟颇深，将"君子之风"融入企业是他长期践行的事。高中毕业后，周荣清进入村集体企业工作，但他不甘于平庸，工作之余继续学习，而且特别爱看人物传记，他理性分析了一些知名商人的发展轨迹，并从中得到很多启发。他认为："凡事首先应当做好计划，努力走在正道上，坚持几十年，就一定会成功。"所以周荣清对自己、对企业的要求都十分严格，"自强自爱""合法合规"八个大字始终牢牢刻在周荣清的心里，他不打牌、不搓麻将、不喝酒、不唱卡拉OK，把时间全部放在企业发展上，企业发展以后，全情回报社会，一跃成为当地的纳税大户。

企业经营上了一个台阶后，周荣清很早就意识到要加强对下一代的培养。"要有民族气节，要对社会负责，要有家国情怀……父亲对我的教育浸润在生活的方方面面！"每当谈到这里，周殊程都感慨万千，"我幼时便聆听父亲的教导，做事先做人，做好人、走正道才是根本。"

周荣清对周殊程的教育确实用心良苦。周殊程5岁时，便被父亲带在身边"见世面"——周荣清去各地出差时，也会把小殊程带

凯迪电器厂区外景图

着看市场、见客户，小殊程虽然什么也不懂，但渐渐也开了眼界、练了胆量；初高中时期，周殊程在父亲的安排下，每个寒暑假必到厂里报到，在车间流水线或者办公室接受锻炼。高考时，受父亲影响，他很自然地选择了电气工程及其自动化的专业，并顺利考入扬州大学。大学毕业后，周殊程又在父亲的支持下继续出国深造，攻读 MBA。谈到自己的求学和成长经历，周殊程坦言，国内教育培养了他严谨、善思的性格，国外教育锻炼了他的语言能力和乐观品性，父亲则是引导他前行的"那盏灯"，教会他如何与人相处、与自己相处。

研究生毕业后，周荣清并没有让周殊程立即回国。在父亲的支持下，周殊程充分应用所学完成了一次"入职测试"。

当时凯迪电器的外销率很低，甚至连 5% 都达不到。周荣清感觉市场结构上有问题，但苦于人才短缺，很难找到突破口。最终，他让刚刚毕业的周殊程"披甲上阵"，由周殊程负责筹建凯迪电器加拿大办事处，这是凯迪电器第一次尝试走出国门建立销售机构。面对市场的歧视和排挤，周殊程没有退却，反而以此为动力抓紧干、拼命干，巧妙地将 MBA 的同学资源、人脉资源转化为凯迪的推广资源、销售资源，后续由自己接力谈判，最终成功接单。仅用 3 年时间，周殊程便带领团队搞定了大部分北美市场。回忆那几年的工作生活，周殊程感慨万千："那个时候每天工作就占了 15 个小时，完全没有个人的休闲娱乐，苦是苦，但那也是公司发展最快的几年，年增长率至少 50%，有时甚至超过 100%！"

周荣清的教育和引导如习习微风，育得小荷初绽、清香自溢。这为接下来的薪火传承和接力发展埋下了伏笔。

"信任""容错"助殊程

支持民营企业健全接班人培养规划。鼓励民营企业及早制订接班人培养规划，为将来顺利继承家族企业打好基础。

——常州市工商联《关于进一步推动常州市民营企业代际传承与发展的思考》

在周殊程眼里，父亲周荣清严肃却开明。工作中的父亲不苟言笑，细枝末节都必须妥帖安排好。但在一些决定上，父亲是周殊程最"铁"的支持者。在传承之路上，这对父子走出了"凯迪步调"。

当初建立国外销售团队时，周殊程聘用外国人的做法并没有得到大家的认同，在高额的年薪和没有"立杆见影"的市场业绩下，很多人认为凯迪做了"赔钱买卖"，甚至连母亲也建议周殊程尽早放弃，但周荣清力排众议，非常支持儿子的"探路计划"。这个"探路计划"在投入和产出失衡整整一年半的情况下渐渐有了起色，如一颗种子，在长期的沉寂之后蓄积力量冲破阻碍，生根发芽，开始茁壮成长。谈到这件事，周殊程感慨万千："没有父亲当时的鼎力支持，就不会有现在发展得这么好的国外业务。"

回国后的周殊程负责销售业务，他和父亲一致认为，要把眼光放得更长远，根据客户的需求确立未来企业定位。随着国内外市场齐开花，企业内部管理上的"瑕疵"开始浮现。"当时我父亲已经是董事长，却仍要事无巨细地审批所有事，小到车间里的事情都要层层汇报到我父亲这里，很多事情一出现问题，便都成了董事长犯错。"周殊程痛定思痛，认为企业要引进职业经理人管理模式。但企业是父亲一手经营起来的，能否改变父亲的理念，周殊程没有底。

凯迪电器生产车间

他抱着试试看的心态与父亲交流，没有想到，周荣清竟然同意了，并让周殊程负责推进相关工作。凯迪实行职业经理人运作模式的头三年，内部管理走得磕磕绊绊，父子俩争论不休，但周荣清始终给儿子足够的信任。渐渐地，企业越走越好、管理越来越顺，父子俩共同努力，让凯迪更上新台阶。

2013 年，周氏父子围绕"企业是否要上市"这个问题开始新一轮的"互相说服"。周殊程坚持要上市，认为这样企业会有更多发展可能，未来前景也将更明朗。周荣清则希望稳步前进，把技术搞好，慢慢来。就这样父子俩僵持了大半年，最终周殊程被父亲说服，暂缓上市计划。但周殊程并未放弃，而是将这一目标放在心中。两年后，他发现父亲对上市一事的态度有所松动，于是"快马加鞭"，仅用一个月时间便完成了全部准备工作，这便是小周总跑出的新凯迪加速度。

父亲的开明给了周殊程试错的机会和自由飞翔的天地。回想刚回国那几年，周殊程说："刚入职企业时，年轻气盛，总以为自己的见解和判断是对的，因此碰了不少壁、交了不少'学费'。但是父亲很宽容，并没有严加斥责，反而平心静气地和我分析其中利弊，寻找下阶段对策。"这让周殊程非常感动，他和父亲的交流越来越顺畅，两人既是父子，也是朋友，更是合作伙伴。不过关系再好的父子也有红脸的时候。谈到怎么解决父子冲突时，周荣清和周殊程相视一笑，几乎异口同声地表示："脾气上来谁都拦不住彼此，但心情总会平复，有商有量地把企业做下去才是硬道理！"

双向奔赴向未来

引导民营企业践行新发展理念，深刻把握存在的不足和面临的挑战，转变发展方式、调整产业结构、转换增长动力，坚守主业、做强实业，自觉走高质量发展之路。

——《中共中央 国务院关于促进民营经济发展壮大的意见》

30年风雨兼程、砥砺前行，从仅是生产加工到如今的研产销一条龙，凯迪打造出了一条完整的线性驱动产业链，成为行业中最知名的品牌之一，走出了一条高质量发展之路。这是一条不平凡的路，难能可贵的是，周荣清和周殊程父子俩在这条路上已经形成了一种可贵的默契和"精神链接"。周殊程说："我和父亲是共同战斗的'战友'，是携手前进的'朋友'，更是互相促进的'伙伴'，对于新的领域和未来的发展，我们都愿意去探索、去实践。有时，我提出一个新的名词、新的见解，父亲一开始可能不了解、不认同，但他自己会立刻去找资料，没两天倒来和我讨论其中奥妙了。"

父子同心，与时俱进，善学善成，敢想敢创，助推凯迪的跨越发展、健康发展。

在运营管理上，周殊程深深改变了周荣清的传统观念。在周荣清的支持下，周殊程先后推动凯迪电器引进了 ERP、OA、CRM 等各类管理系统，让凯迪的管理更加扁平化，目前大部分的企业事务能在移动端上处理完成，大大提高了管理效率。

在生产管理上，周氏父子更是不遗余力。凯迪电器的生产车间内，原料和成品通过 AGV 无人小车运输，仅需几分钟就被精准放入 1 万立方米的智能立体仓库。这种智能仓储系统落地后，使成品出入库效率增加近 50%，人工成本减少了近一半。凯迪还建立了高度完整的自主制造产

凯迪电器厂区俯瞰图

业链，具备集设备、工艺、产品、生产能力和扩展能力于一体的快速反应柔性化制造体系，形成了自主特色的"模具开发—注塑—加工—制造—组装—检测"垂直经营模式，真正做到了原料运进工厂、成品发往全球。下阶段，凯迪还计划在生产环节全流程追溯、送料存储、智能订单排成等方面稳定朝"智改数转"前进。

在市场拓展上，周荣清保持定力，领导凯迪深耕线性驱动行业多年，产品覆盖了智能家居、智慧办公、医疗康护、工业新能源等热门领域，凯迪出品的沙发电动推杆拥有 30% 以上的全球市场占有率。周殊程则以敏锐独到的眼光挖掘海外市场的需求与空缺，充分施展自身熟悉海外业务的特长，以常州为中心，不断拓展全球网络布局，从而牢牢占据头部市场份额，实现了健康优良的企业发展内外双循环机制。

在人才强企方面，周荣清和周殊程的观念始终一致，"人才是凯迪的第一生产力和最宝贵的财富"，善育善用人才是公司经营的根本。目前，凯迪股份的全球在职员工已超 2600 人，公司组建了包括电子、电气、软件、机械等专业工程师在内的 260 人以上研发团队，每年以利润的 15% 投入新品研发。凯迪注重自主研发，不断培养和引进人才，拥有自己的核心专利，截至 2022 年 12 月 31 日，凯迪拥有有效专利 350 件，其中发明专利 27 件。凭借全体凯迪人的拼搏努力，企业先后荣获"2017—2019 年度江苏省重点培育和发展的国际知名品牌""高新技术企业""常州市电动直线驱动器工程研究中心""江苏省智能精密驱动器工程技术研究中心"等荣誉称号。

在培育新兴增长极方面，凯迪电器智能推杆项目的开工建设无疑有着里程碑的意义，这是周氏父子俩齐心共构的又一硕果。2020年，凯迪电器的智能推杆项目一期工程投资14亿元，征用土地171亩，购置线性驱动系统生产线25套，建设标准厂房、科研中心、办公大楼及配套生活区20万平方米，极大提升了凯迪的生产能力和竞争实力。我们相信，在新时代的发展大潮中，在薪火传承之路上，怀抱理想、秉持精神、接续奋斗的凯迪电器，一定能在新的市场竞争中，凯歌高奏，精品"迪"出，为常州产业转型升级和经济社会高质量发展贡献更多的力量。

记者手记

　　"人与人的精神链接"是社交、心理学、哲学等领域中一个重要概念，一般指的是一种精神层面上的联系或共鸣。通过建立精神链接，人们可以更好地理解彼此、增强彼此之间的信任和认同，从而共同面对挑战和困难。回望凯迪的传承发展之路，二代企业家之间，在基于理解和信任的基础上成功构建起良好的"精神链接"，无疑是走好走顺这条路的重中之重。在多年的磨合中，周荣清和周殊程父子携手共进，在事业上取长补短，在价值观上互相认同，聚合成一股强大的动力，为凯迪的高歌前行奏响了最强音！

今创控股集团有限公司　俞金坤　戈建鸣　戈俞辉

一根扁担，挑起昨天、今天和明天

俞金坤（左三）　戈建鸣（右一）　戈俞辉（左二）

在常州轨道交通百年辉煌图卷中，今创控股集团无疑是一道亮丽的风景线。自 1988 年创立以来，今创人紧随时代步伐，秉持"诚信立业，质量兴业，以人为本，客户至上"的经营理念，怀抱建设基业长青"百年今创"的坚定信念，一路风雨兼程，不断朝着国际企业集团的目标迈进，已发展成为中国制造业民营企业 500 强、江苏省民营企业 200 强，连续 14 年获评常州市工业五星级企业。2018 年 2 月 27 日，今创集团在上海证券交易所挂牌上市，股票代码 603680，成为当年新春常州市首家上市公司，也是全市第 42 家 A 股上市企业。

今创的发展史就是一部艰苦奋斗、与时俱进、自我突破的奋斗史和创新史。"今创传奇"的立基人俞金坤从"一根扁担"起家，朝乾夕惕、日拱一卒，为将今创打造成轨道交通百亿配套企业奠定坚实基础。今创的继任者戈建鸣在继承父辈艰苦创业精神的基础上大胆解放思想、接力前行，在创新上"求变"，在变革上"求快"，在发展上"求实"，成就"先人一着"的实力。如今，今创事业的新生力量戈俞辉在"扁担精神"的感召下承托时代厚望、勇接发展重任，也自信地走上前台，在"百年今创，百强目标"的宏图中跃动青春的光彩！

昨天，一根扁担见精神

回望今创的昨天，与其说俞金坤与戈建鸣是一对父子兵，不如说他们是有共同价值观的事业伙伴。1988 年，时任剑湖钱家照明厂厂长的俞金坤毅然"下海"，独立创办剑湖五金塑料厂。创业之初，条件极为艰苦，厂房设在 30 平方米的旧仓库里，主打产品是低端的日光灯塑料罩壳、衣帽钩和窗帘钩等小物件。由于人手少，俞金坤既当厂长，又做供销员、采购员、搬运工。父亲的辛苦，戈建鸣看在眼里、疼在心里。为了帮父亲分担压力，在很多年轻人贪玩的时候，戈建鸣自愿加入了父亲的"小厂"，同样一人多岗、身兼多职：既是模具工，又是设备维修工和机动员。风华正茂的年纪，但戈建鸣几乎所有的记忆都被三班倒的高强度工作所占据。作为父亲，俞金坤也心疼儿子，但他没有为儿子"遮点风挡点雨"，因为，他有一个最朴素的想法：想创业，不吃点苦肯定不行。

　　一次，到南京浦镇车辆厂交货，俞金坤和工人们一起乘火车到下关，然后用扁担挑着货物送到厂家设在山上的仓库里，验货时，

今创集团厂区外景

对方怎么也不相信，这个身穿黄军装、肩挎黄书包的"挑夫"就是厂长；到东北联系业务，路上要乘三天三夜的火车，可俞金坤舍不得买卧铺票，实在熬不住了，就在硬座下面的地上睡一晚……俞金坤的扁担不简单，不仅承千斤，还要一肩挑数担。产品缺乏销路，他便脚穿黄球鞋、肩挑塑料件，晓行夜宿地上门推销；产品样式陈旧，他便想方设法去大企业拜师学艺，人家不肯教，就用心偷学，回来凭记忆画出草图，彻夜钻研攻关。"生意要一点点揽，用户要一个个争。"为了找质优价廉的零配件，他终日奔波苦，一刻不得闲；为了联系业务，他忙得过家门而不入，一接到业务，立即打电话让厂里备料动工；车子装货卸货，他亲自带头搬扛；1991年，常州遭遇特大洪水，他率全厂员工通宵抢运材料，再苦再累也没有哼吱一声。

受到父亲的影响，戈建鸣也特别勤奋。20世纪90年代初，随着企业升级为常州市剑湖铁路客车配件厂，主要生产车用灯具、电器柜，原有销售渠道明显不足，为了拓展市场，戈建鸣得了个新差事——跑营销。对于常人眼中老实本分、不善言谈的戈建鸣来说，这简直是一个难以完成的任务。谁也没想到，戈建鸣未多吱声，背起行囊就起身，从此成了火车上的常客。"企业没有市场就没有发展，我已是有30多年'工龄'的老营销员了！"今日的戈建鸣，谈及市场营销显得气定神闲，但若再探问："当年你是如何赢得第一笔订单的呢？这个过程苦不苦、难不难？""难！"戈建鸣会毫不掩饰地回答，"真难！真苦！尤其是像我们这种'脸皮'比较薄的年轻人，要越过心理上的坎真不容易！"有几次，他是被人硬生生轰出来的，那种身在异乡的无助和孤独的挫败感，只有自己能够体味。但再苦再难，为了企业发展，也要硬着头皮上。当时，铁路系统"绿皮车"逐步升级为"红皮车"，对于戈建鸣来说，这真是一个绝好的机会，他忘我地工作，逐渐从不善于言谈的年轻人变为客户心目中值得信任、值得合作的好伙伴、好朋友，法宝就是几个"一点"：吃苦多一点，真诚多一点，服务好一点，为客户多想一点。就是凭着这几个"一点"，剑湖铁路客车配件厂的电器柜逐步占据了全国80%的市场份额，打了一个漂亮的开局战。此后，凭着不玩虚招、不投机取巧、实实在在的行事风格，"脸皮薄、不善言"的戈建鸣得到越来越多客户的认可，他带领的销售服务团队成了行业内的金字招牌。

俞金坤的一根扁担挑出了剑湖五金塑料厂的一片新天地，也联起了父子同心创业的精气神。"创业有韧劲、干事有拼劲、敢于和最优秀的企业较劲"，这是俞金坤引领今创高质量发展的"三股劲"。"对客户，一诺千金；对员工，满腔热忱；对责任，从不说不"，这是俞金坤坚持的创业准则。戈建鸣深受父亲"三股劲""三条准则"的影响，多年来，他每年在外出差的天数至少要占全年的三分之二，参加展览展会，学习先进经验，了解行业信息，拜访重要客户，除了轨道交通产业，全力开拓新能源、新材料、环境环卫、房地产、通信、船舶装备等领域，是名副其实的"空中飞人"。

今天，铁肩挑起硬担子

2018年2月27日，在农历新年的喜气中，今创控股集团旗下今创集团股份有限公司在上海证券交易所正式挂牌上市，成为武进区第27家上市企业，开启今创发展的新征程。看到这成绩，戈建鸣

今创集团印度工厂

甚是开心。作为父亲,俞金坤有感而发:"现在,我作为今创控股集团董事局主席,把发展的重任交给了儿子戈建鸣。我对他的要求是,在做强轨道交通装备主业的同时深化多元经营,奋力把今创打造成'百年今创,百强企业'的双百集团企业。"

遇到困难不退缩,看准目标奋力行。外表温和的戈建鸣骨子里就有这么一股劲,执着坚定,矢志奋进。戈建鸣说,这得益于父亲的教诲,父亲就是自己最好的老师和榜样。诚如此言,1988年,企业做到78万元销售额的时候,别人感觉不得了了,俞金坤没有止步;1998年,企业经营突破1亿元时,俞金坤没有自夸;此后,今创不断攀高,10亿元、30亿元、60亿元、100亿元,2017年,集团已经实现销售128亿元,可俞金坤仍然没有沾沾自喜,仍然要求戈建鸣努力、努力、再努力。2016年年底，他们开了个家庭会议，俞金坤说，"在我有生之年，我肯定不会有小富即安的想法。我还要向海尔、华为等著名企业学习，产销超百亿元只是第一步，未来要再造一个今创，努力成为中国智能制造的标杆企业和国际一流的轨道交通领军企业。"对于父亲的这番话，手握接力棒的戈建鸣深有所悟，"发展路上不进则退，慢进也是退"，作为企业年轻一代的领导者，唯有将"走遍千山万水、说尽千言万语、想尽千方百计、尝遍千辛万苦"的"四千四万精神"与新时代的新要求有机相融，今创未来的路才会越走越宽、越走越实。

戈建鸣是这样说的，也是这样做的。近年来，环保产业快速发展。戈建鸣审时度势，认真研究国家宏观政策，敏锐看到了发展商机，他吹响了今创控股高质量发展的号角。在环保领域，今创经过精心运作，全面涉足农村生活污水处理、垃圾转运、渗滤液处理，市场快速发展，画出了与轨道交通装备高质量发展的同心圆。与此同时，今创控股还瞄准了5G通讯、新材料等新兴行业，"与时代同步、与潮流携手"，寻找下一个百亿产业，朝着更高远的目标进军。

一手抓产业单元的创新突破，一手抓业务单元的优化布局，戈建鸣两手齐抓并进，表现出一位现代企业家的非凡气魄和远大眼光。2018年，今创集团登陆上海证券交易所，实现主板上市，公开发行4200万股，首次募集资金总额超13亿元，这为今创集团将来的发展创造了有利的条件。企业上市后，监管严、规范多，各界对戈建鸣提出的要求也更高了。但戈建鸣认为，这是企业裂变发展的机会，他将以最强的行动力"融入资本市场、集聚资源要素、推动技术创新、提升产业层次"，驱动今创健康、高速、可持续发展，提升今创品牌在国际市场上的知名度和美誉度，以开拓更广阔的国际市场。为了实现这一目标，他要求今创在巩固现有市场份额的基础上进一步优化布局，全面推进今创的全球化进程，着力将今创打造成为世界领先的轨道交通装备配套企业；同时，他为今创投资确定了"多元发展、多地布局、多点开花"的战略方向，着力把控投资风险，加强发展后劲，为今创控股的健康、稳健、高速发展提增动力，构建新的引擎。

在今创，戈建鸣爱才之心有目共睹，传为美谈。戈建鸣认为，任何事都离不开人，人才是成就今创未来战略的关键。他求才、举才、育才、容才，强调要让专业的人做专业的事，专业的事由专业的人来做，在人才选用培育上不拘一格，努力把今创打造成行业内真正的磁场和高地。

他对今创青年人才的成长格外关注，曾引用马云的一句话："一个没有创造品质和创新精神的年轻人，只能成为一个谁都可以替代的'人手'，而成不了一个不可替代的'人才'。"并进一步表达自己的观点："按照我的理解，马云和我们一样是普通人，但他洞悉市场、注重创新。我希望今创的所有公司的老总和管理人员能进一步解放思想，对标找差距、补短板，全方位提升自己，优化'人手'、广揽'人才'。"为了实现这个目标，戈建鸣带领人力资源部构建了一套符合今创实际需要的中长期人才资源发展规划，把内部人才的培育作为企业的常规工作推进。他创新化地推动企业与北京大学、南京航空航天大学等知名高校合作，联合开办硕士班，加大技术研发合作；创办内部焊接学校，培养了一批带有企业自身特质的优秀人才。

在做强企业的同时，戈建鸣与父亲俞金坤一起展开另外一种抱负，为社会公益多作贡献，修桥铺路、捐资助学、扶贫济弱……戈建鸣说："企业小的时候，是个人的；企业做大了，就属于国家和社会。"翻开今创控股的"公益账本"，一项项、一笔笔帮扶资金清晰可查。2003 年向武进区光彩事业促进会捐资 100 万元，在武进区成立了第一个百万光彩基金；2006 年，向区慈善总会捐款 1000 万元，向市慈善总会捐款 100 万元；2008 年，在遥观镇"千企联百村，共建新农村"活动中捐赠 1000 万元；2011 年，向市慈善总会、区光彩基金会捐款 481 万元，向市见义勇为基金会捐款 30 万元；2012 年，向区慈善总会捐款 301 万元；2013 年，向武进高新区捐款 100 万元，成立今创百万光彩基金，向武进光彩事业促进会捐款 100 万元……2023 年，向武进区慈善总会遥观镇分会捐款 100 万元。目前累计捐赠已经超过 1.5 亿元。

善，是世界上最大的磁场。俞金坤说："行得春风才有夏雨。重信行善给企业带来更多的发展机会，很多高新技术人才不远万里来到今创，为今创的发展贡献了力量。"的确，俞金坤的扁担挑出了精神、挑出了水平；接过扁担的戈建鸣挑起了发展、扛起了责任。父子两代的同心同德铸就今创的本色和底色，也赢得"得道多助，路自宽行"的广泛回响，为今创的高质量发展持续助力，跑出时代轨道上的别样风景。

明天，勇接扁担奔新程

"地球上高速列车车速有多快、发展有多快，我们今创的发展速度就有多快。只要规划好、运作好，也许 10 年、15 年，今创集团一定可以实现 1000 亿元的奋斗目标。"今年已经 79 岁的俞金坤谈及未来，依然充满豪情。他的这份豪情，源自 30 多年来今创积淀下来的创新发展好传统，更源自对事业接班人的美好期许和信心托付。

"光阴似箭，转眼之间，你已经从一个害羞不语的懵懂少女变成了果敢自信的企业带头人。""令我感到欣慰的是，作为我们家族第三代的你，也已义无反顾走上今创这个大舞台，加入今创这个大家庭。""我相信你一定能接好接力棒，奋力谱写今创发展的崭新篇章和美好未来。"这是今创控股集团董事局主席俞金坤写给孙女戈俞辉的家书。片纸千钧，既是一个爷爷对孙女的殷切期待，也是一代民营企业家理念的传承交接。

对于爷爷的厚望，"95 后"的戈俞辉像父亲戈建鸣当年那样用最响亮的声音予以回答，她给爷爷的回信中写道："您是爷爷，更是英雄；您是亲人，更是我的导师和灯塔。您爱党爱国、宽厚睿智、勇往直前、敢于担当的品格，都值得我学习和继承，给我信心和力量……"

戈俞辉留学归国后，在爷爷和父母的支持下，怀抱一腔创业热情投入今创接力奋斗，目前担任今创环境集团董事长。受祖辈、父辈的影响，她工作极其认真，早上 6 点多就上班，有时作为祖父的俞金坤都有些心疼，关照一句："小辉，这么早就去上班了呀？"戈俞辉却笑着回答爷爷："爷爷，我是向您学习的呀！"俞金坤对

今创集团全景图

于这个"血液里流淌的是创业精神"的后辈非常欣赏，2022 年 7 月，在常州市民营企业家"薪火传承创新创业"行动计划启动暨首场"青蓝接力·共向未来"企业家系列访谈活动上，他将象征拼劲、闯劲、韧劲、巧劲的扁担交给孙女，还送给踏上创业路的孙女几颗心：一颗爱国心，始终坚持听党话、跟党走，做爱国敬业的典范；一颗进取心，以创新战胜挑战、赢得市场、获得尊重，做创新创业的典范；一颗敬畏心，敬畏法律、敬畏市场、敬畏客户，做到遵纪守法办企业、正大光明搞经营，做遵纪守法的典范；一颗责任心，饮水思源，富而思进，做回报社会的典范。

一名党员就是一面旗帜，冲锋在前，凝聚力量；一名党员就是一盏明灯，指引方向，传递力量。俞金坤和戈建鸣父子都是共产党员，他们将对党的忠诚和感恩融入发展实业、回报社会的铿锵步履，共同传承使命，走出一条引领企业做大做强的今创之路。在新时代高速驰骋的列车上，他们又以共产党员的高度责任感，带领新一代企业家戈俞辉朝着"百年今创，百强企业"的美好愿景阔步向前，三代人"携手今日，创新未来"，共同书写今创百年伟业的后半篇文章。

记者手记

今创的发展史就是一部艰苦创业、与时俱进、自我突破的奋斗史和创新史。"今创传奇"的立基人俞金坤从"一根扁担"起家，朝乾夕惕、日拱一卒，为将今创打造成轨道交通百亿配套企业奠定坚实基础；今创的继任者戈建鸣在继承父辈艰苦创业精神的基础上大胆解放思想、接力前行，在创新上"求变"，在变革上"求快"，在发展上"求实"，成就"先人一着"的实力。如今，今创事业的新生力量戈俞辉在"扁担精神"的感召下，承托时代厚望，勇接发展重任，也自信地走上前台，在"百年今创，百强目标"的宏图中跃动青春的光彩。可谓祖孙三代同心同向、同策同力，共同为"百年今创"添砖加瓦、添柴加薪。燃情未来，未来可期！

同心携手　惠泽未来

赵浩华（左二）　赵昕喆（左一）

门捷列夫曾说过，没有测量就没有科学。测量是国家核心竞争力的重要标志，也是国家战略科技力量的重要支撑。自1994年成立以来，同惠电子在董事长赵浩华的领导下，秉持报国之心，深耕电子测量仪器和成套测量系统解决方案领域，近30年来，牢牢牵住技术创新的"牛鼻子"，在测试理论、测试技术和产品创新上不断突破，成绩斐然。特别是近年来，同惠电子积极响应国家发展战略，顺应行业发展潮流，践行"专业、专注、专心"的匠心精神，将企业的发展战略优化为"智能测试、高效测试、精准测试、工业互联"四大方面，在企业管理、技术突破、产品迭代、人才队伍建设等方面不断提升，成长为国家高新技术企业、国家级专精特新"小巨人"企业、中国电子元器件测量仪器领军企业。2021年1月11日，同惠电子成功挂牌"新三板"精选层（股票代码：833509），公司正朝"国际领先的电子测量测试综合解决方案提供商"发展目标稳步迈进。

好人创业，赢在格局

赵浩华行事非常低调，作为知名上市公司的掌舵人，他很少在媒体上露脸，但是，"好人赵浩华"的名气由来已久。1996年2月8日，刚刚下海创业不久的赵浩华夫妇，因一件"小事"，让常州市民第一次从媒体上认识了他们。当日的《常州日报》社会新闻报道：日前下班时分，常州日报社一位职工焦急万分，摩托车钥匙不见了。她翻遍了口袋、抽屉、拎包，找了近1小时，还未找着。正当她在大门口徘徊观望时，迎面走来一男一女，他们指着摩托车问：

"这车是你的吗？"当听到肯定的回答后，他们从手袋里摸出一把钥匙说："给你，我们已是第二次来送钥匙了。"原来，那位男士叫赵浩华，是常州高新技术产业开发区同惠电子设备公司总经理。他爱人在那天下午路过报社门口，看到一辆摩托车钥匙留在车上，她意识到这样不安全！她拔下钥匙，等了一会儿还不见来人，自己又有急事要办，就拿着钥匙先走了。她想到失主一定很焦急，办完事又回到原处等失主，可还是不见来人。最后，回家做好饭没顾上吃，就和爱人赵浩华骑摩托车赶到报社门口。失主拿到钥匙真是喜出望外地说："真是碰到好人了。"

厚德载物，人格如金，人品永远是事业长久、基业长青的根基，测量领域更是如此。从"二送车钥匙"这件"小事"就可以看出赵

同惠电子厂区外景

浩华人格的魅力、一探同惠电子成功的缘由。创业以来，赵浩华以诚信做标尺，崇德尚善，为事业夯筑坚实的根基。值得同惠自豪的是，公司创业至今已近 30 年，初创核心团队始终保持稳定，包括赵浩华在内的 7 名创始人"青丝变白发，不忘初心；携手三十载，砥砺前行"，大家团结一致，互相信任，各司其职，持续创新，推动企业健康、快速、可持续发展。回望来处，一幕幕仍写满激情——

1989 年，刚从南京理工大学信号、电路与系统专业硕士研究生毕业的赵浩华作为高级人才回到家乡，担任某电子测量仪器研究所副所长，从此与阻抗测量仪器结下不解之缘。在工作中，有感于国内外巨大的技术差距，赵浩华暗下决心，要突破体制束缚，为我国电子工业发展作更大的贡献。1994 年，他怀着一腔科技报国热情，带领其他 6 位有同样抱负的有志青年，租用 150 平方米场地，成立常州高新技术产业开发区同惠电子设备公司。创业之初，企业规模小、资金缺、场地紧，但创业团队人心齐、目标明、步子正，特别是带头人赵浩华，做事业专心、专业、专注，有一股敢啃"硬骨头"的勇气。在他带领下，同惠电子紧扣国际行业发展趋势，瞄准国家相关领域的短缺与空白，聚焦企业发展战略，始终牢牢牵住技术创新这个牛鼻子，积极锻造核心竞争力。正因为在技术创新、产品创新上表现亮眼，虽然市场竞争激烈，同惠却一步一个脚印拔节生长，步步为赢！言及此，不妨看一看同惠电子的发展"加速度"。

1999 年，随着业务扩展，常州高新技术产业开发区同惠电子设备公司更名为常州同惠电子有限公司，业务领域更加聚焦，为同惠的进一步发展构建更大的平台。2003 年，公司研制成功具有完全自主知识产权的高性能 TH2818XA/XB 自动变压器测试系统，并全面投放市场；2004 年，又成功研制国内首台 1MHz/0.05% 精密阻抗电桥，性能指标完全覆盖国外同类产品，跻身国际先进水平；2006 年，TH1961 6 1/2 位台式数字多用表被认定为常州市重点科技攻关项目；2009 年，同惠电子被认定为"江苏省高新技术企业"……2018 年，对于同惠来说又是一个丰收年，公司研制的国内首台 10MHz/0.05% 精密阻抗分析仪完全替代美国同类产品，成为目前中国领先、国际先进的新一代高频阻抗测试仪器；此后，同惠生产的电力电子测试仪被认定为江苏省"专精特新"产品，"TH2839 精密阻抗测试仪"产品被认定为"常州市重大装备及关键部件"，再次让行业见证了同惠的实力……

  凭借出色的表现，同惠电子在硬件测试、嵌入式软件与算法、总线、系统集成、工业互联等核心技术方面异军突起，突破了高端电子元器件批量测试效率低、精度差、综合测试能力弱等一系列行业技术难题和瓶颈，公司研制的元件参数、绕线元件、电气安规、线缆（线束）、电阻类、电力电子、数字多用表、数据采集 / 记录、测试系统等国内多个首台套智能测试设备产品打破了国外产品垄断和技术封锁，产品广泛应用于航空航天、高端装备制造、消费电子、5G 移动通讯、新能源、电力电子、开关电源等领域，不仅得到国内华为、比亚迪、富士康等知名电子厂商和清华大学、上海交大等知名科研院所青睐，还受到国外 TDK、Pulse、Molex 等元器件制造巨头欢迎，其电子元器件测量仪器产品出货量稳居国内行业第一，已成为国内电子测量仪器行业的领军企业，先后获得江苏省科学技术

技术传帮带

进步奖、江苏省腾云驾数优秀企业称号、中国机械工业科学技术奖和科技部创新基金支持；赵浩华被推荐为享受国务院政府特殊津贴人员，为中国电子测量仪器竞技国际舞台作出积极贡献。

持续创新，为国铸器

2023年2月21日，中共中央政治局就加强基础研究进行第三次集体学习，习近平总书记强调，要打好科技仪器设备、操作系统和基础软件国产化攻坚战，鼓励科研机构、高校同企业开展联合攻关，提升国产化替代水平和应用规模，争取早日实现用我国自主的研究平台、仪器设备来解决重大基础研究问题。国家"十四五规划和2035远景目标纲要"明确指出：要加大重要产品和关键核心技术攻关力度，加强高端科研仪器设备研发制造。2021年，国务院印发了

同惠电子实验室

《计量发展规划（2021—2035年）》，明确提出到2025年初步建立国家现代先进测量体系，到2035年建成以量子计量为核心、科技水平一流、符合时代发展需求和国际化发展潮流的国家现代先进测量体系。国家层面的高度重视极大地鼓舞了为科学仪器事业矢志奋斗的人们。这年，同惠电子干成了两件大事，一是成为常州市首批登陆北交所的上市公司，为同惠的新宏图开篇启幕，推动企业做大做强。二是公司整体搬迁至占地45亩、建筑面积30000平方米的花园式新厂区。地理空间上的转换不仅为公司的发展创造了更好的环境，而且彰显了同惠人步步登高的勇气，为下一步的高质量发展注入了强劲动力。

公司上市两年来，同惠电子到底交出了什么样的成绩单？我们不妨听一听赵浩华在2023年初春第一场"常商论坛"上的分享。他说："作为国家级高新技术企业，同惠电子坚持走创新研发之路，已解决了很多'卡脖子'的技术难题。面对未来，企业一直在潜心努力，希望在高端技术上跟国际企业一较高下。"为此，同惠在创新赛道上持续发力，公司技术人员占总员工比例保持在25%以上，研发投入占公司营收的比例保持在13%以上，强大的技术研发团队叠加有力的资金保障，让同惠在硬件测试、嵌入式软件与算法、总线、系统集成、工业互联等方面不断形成更强优势，突破高端电子元器件批量测试效率低、精度差、综合测试能力弱等一系列技术瓶颈，赢得掌声一片。

2021 年，同惠电子历经 10 年研发成功推出 130MHz 精密阻抗分析仪，其测试频率在自动平衡原理下国际领先。该产品有效解决了高端电子元器件批量测试效率低、精度差、综合测试能力弱等一系列技术难题，在高频、高速、高精度指标方面打破国外垄断。中国仪器仪表学会组织的鉴定委员会一致认为，该成果核心技术完全自主可控，具有创新性，总体技术水平达到国际先进，其中测试频率范围、阻抗测试范围及测试速度指标国际领先。该产品获中国仪器仪表学会科技进步二等奖、"创客中国"江苏省创新创业大赛 一等奖，入选"苏锡常首台（套）重大装备"。2022 年，同惠电子被认定为国家级专精特新"小巨人"企业。2023 年同惠电子"功率半导体器件精密检测测量设备"项目成功申报江苏省关键核心技术（装备）攻关项目。

2023 年 3 月，同惠电子与东南大学联合成立先进功率芯片测试技术联合研发中心，为技术创新研发和培养后备人才再夯基石；6 月，同惠电子逆势飞扬，宣布全员加薪，研发团队平均涨幅超过 25%。薪酬之外，单纯、专注、高效、人性化的工作氛围也让同惠的创新力始终保持热情和干劲。"我们要不断吸引人才、引进人才、留住人才，不断提高团队凝聚力和研发生产能力。"赵浩华说，"破局'卡脖子'、实现国产替代是国内企业肩负的使命。只要国内企业坚持技术创新、敢于长期投入，总能从高端市场切出一块蛋糕。"世上的事，最怕"认真"二字！更怕"勇气"二字！同惠电子在赵浩华领导下，用行动响应国家战略规划，持续创新，为国铸器。

同心携手，共创未来

在同惠电子，创始人赵浩华、唐玥夫妇是一对模范夫妻，也是最佳搭档。他们相濡以沫三十余年，与其他五位创始人一起坚持共同的志向、成就共同的事业。赵昕喆从小受父母影响，为人阳光友善，为学踏实勤奋，处事富于进取之心。高中毕业后，他成功获得加拿大多伦多大学录取通知，远赴海外学习工业工程技术。学成归国后，赵昕喆凭个人实力，在厦门一家知名外企的人才选拔中胜出，成为用户体验设计师。对于很多人来说，用户体验设计师是个新名词，但对业内人士来说，其价值就太大了。一个好的用户体验设计师既要具备理性的头脑，又要具有一颗体察入微的心，更要具有强大的执行力，可以把美好的想法转化成实际的产品。那段时间，赵昕喆在厦门租了个小房子，独立生活，努力工作，虽然辛苦，但拉满了成就感。

后来，赵昕喆与一位常州女孩恋爱成家，心灵有了归宿，男人的责任感让他不得不好好思考事业的归属。综合考虑家庭需要、行业发展及个人兴趣，他最终决定回到家乡、加盟同惠电子。赵浩华是开明的父亲，对儿子的决定表示理解和欢迎，但父子俩有一个约定：同惠电子是技术密集型的公司，在市场上，企业凭实力说话；在公司中，员工也得凭实力说话！赵昕喆的个人发展完全取决于自

身的努力!

　　根据公司安排,赵昕喆首先从市场部干起。"实现顾客满意"是同惠始终坚持的准则。进入公司后,赵昕喆首先在市场部熟悉公司的产品应用以及直销、经销、B2C、ODM 等多层次的市场营销模式,特别是外企用户体验设计师的工作经历,让他对改进产品的用户体验有了更丰富的经验,较好地帮助同惠通过改善工作机制,构建贴近客户、倾听客户以及与客户合作、沟通和交流的快捷通道,受到公司的肯定。在工作中,他认识到,同惠是创新能力、技术含量很高的企业,如果对技术不精到,很多工作很难深入。为此,本科专业偏重于工业工程的赵昕喆在安排好本职工作之余到常州大学微电子与控制工程学院做了旁听生。虽然工作很忙,学习任务也很重,但赵昕喆行事有恒，坚持边工作边学习。又是一个两年，终于功夫不负有心人，他以旁听生的身份在电子技术的学习上取得不错的成绩，得到常大老师的好评。

勤奋、谦虚、低调、务实、认真、好学，放在哪个人身上，都是成长的"助力器"，哪个公司会不给这样的年轻人更好的平台呢？2019年，赵昕喆被调往研发中心从事新产品的软件研发，扎实的专业知识让他如鱼得水；同年，他开始兼任测试部部长，负责组建综合测试部，通过科学测试分析全面评判新品性能，提前干预可能存在的不足，缩短新产品的成熟周期，赵昕喆以认真严谨的工作作风和扎实的专业知识带领部门开展工作，很好地补足公司短板；2022年，赵昕喆顺利走进上海交大安泰经济与管理学院，开启新一轮学习，补强公司管理方面的理论知识；同年底，担任公司总经理助理。

说到职业成长，赵昕喆认为："父母'三十年来做好一件事'，这样的精神是值得我终身学习和践行的。循着父母的足迹，我学会建立自己的小目标，努力工作，不浮不躁地一步一步往前走。"正是这样持之以恒、坚持不懈的精神，支持着一位年轻人在追求梦想的前行路上洒下汗水、收获希望。

党的二十大擘画了全面建设社会主义现代化国家、以中国式现代化全面推进中华民族伟大复兴的宏伟蓝图。未来五年是全面建设社会主义现代化国家开局起步的关键时期，高端测试仪器作为科技创新、产业发展、国防建设、民生保障的重要基础，作为构建一体化国家战略体系和能力的重要支撑，对于建成社会主义现代化强国非常关键。作为在改革开放春潮中成长起来的中国电子元器件测量仪器领军企业，同惠电子在赵浩华的带领下，秉持科技报国之心锐意进取，成绩令人瞩目。面向未来，在新时代的图卷中，老一代和年轻一代同惠人正紧密携手，以务实稳健的姿态肩负起更多社会责任，以国际化的胸怀和视界奉献创新成果、共享发展价值；在新征程的大潮中，同惠正融入中国梦的璀璨星空，准确把握全球电子信息业强劲增长的商机，全方位实现企业价值，创造更美好的未来！

记者手记

　　一个企业的健康发展离不开企业带头人的远见卓识、全心付出和价值引导。作为常州同惠电子股份有限公司的领导者，赵浩华秉持科技报国的初心，与创始人团队紧密团结，30年来咬定青山不放松，心无旁骛谋发展，不仅让企业发展的蓝图变为现实的美好图景，也通过实实在在的成绩赢得行业的尊重、社会的尊重。他的情怀、担当和不懈的奋斗精神赢得越来越多有志青年的的共鸣，赵昕喆就是其中的佼佼者。在面向未来的高质量发展之路上，赵浩华正带领以赵昕喆为首的年轻一代青年才俊青蓝携手、薪火接力，共同书写"科技报国、实干兴业；同心携手、惠泽未来"的美好篇章。

江苏曼淇威电气产品有限公司　姚恒昌　姚久刚

鼎立时代风口　共兴"恒""久"之业

姚恒昌（左二）　姚久刚（左一）

40 年以上行业生产经验，2 个省级技术研发中心，5 大生产基地，50 多项自主知识产权专利，20 款产品获得高新技术产品证书，70% 的中国市场占有率，100 台以上高科技设备，电机产品远销全球 32 个国家和地区，压力控制器产品远销全球 56 个国家和地区。江苏曼淇威电气公司的这份简历不可谓不耀眼。经过多年的持续发展，曼淇威已成为集科研、生产、营销、服务于一体的现代化企业，产品涵盖直流电机、交流电机、直流风机、交流风机、压力传感器、压力控制器、加热带、PTC 加热器等领域，获评江苏省高新技术企业、江苏省"专精特新"企业。曼淇威的成功，在于创始人的勇气、魄力和执着；曼淇威的发展，也得益于接力者的奋发、勤奋、进取不怠；曼淇威的未来，更受益于父子两代"创业家"齐心协力，共同成就"业贵有恒，久久为功"的美好未来。

就是有九十九个困难，只要有一个坚强的意志就不困难

　　战斗英雄杨根思曾说过："就是有九十九个困难，只要有一个坚强的意志就不困难。"姚恒昌的微信昵称就叫"毅力"，坚强的意志是他成才、立业的关键。

　　曼淇威的前身可以追溯到 1974 年创办的新华电子五金厂，这是新华村的村办企业，主要做仪表螺丝和柳条手工工艺品。1980 年，姚恒昌高中毕业后即进厂工作，成为全厂第 57 个员工。此前，工厂全年产值只有 20 多万元，且长期徘徊不前。为了生存，厂领导决定转行生产空调温度控制器，工厂随之更名为武进恒温控制器厂，此后，工厂又经历多次更名，于 1993 年成立江苏常恒集团公司。姚恒昌回

忆那段生涯,至今仍然感慨万千:"入厂后,我每天在厂里18个小时,除了工作,就是学习,抓紧一切时间琢磨技术,逐步学会了机械制图。由于工作和学习的压力大,加之营养不良。我一米八几的个子,体重只有110斤。"世界上怕就怕"认真"二字。姚恒昌从学徒工开始干起,8年内相继考上了技术员、助理工程师、工程师、高级工程师,成为青年技术行家,设计开发成功第二代温控器产品,产品一炮打红,成了全厂的效益产品、拳头产品。

1996年,姚恒昌被推举为集团下属的温控器厂厂长,全权负责经营管理业务。在他的领导下,温控器厂过硬的质量管理水平在行业内很快有了名气。这一年,其产品YK系列压力控制器和WP系列温度控制器被江苏省计划经济委员会评为"江苏省优秀新产品",荣获"金牛奖";另一新产品——压力控制器被省轻工业厅评为优秀新产品金奖。姚恒昌因出色的表现被省计划经济委员会评为"江苏省优秀技术开发设计人员",被市科委、农业局、团市委等联合表彰为"农村青年科技致富十大状元"。

1999年,因电机类产品供不应求,为了进一步扩大产能、提升企业规模,姚恒昌赴日本芝浦电机工厂参观学习。当他了解到日本爱达的设备和黑田精工的模具是电机行业最好的"搭档"时,就决定引进。回国后,他立即准备材料,向某银行申请贷款1500万元,用于技术改造、设备提升。一切都很顺利,该银行当时同意了相关申请,但当姚恒昌和日本的设备厂商谈好了价格和付款条件,签署合同准备付款时,该银行却突然变卦!眼看要违约了,面临这突如其来的一击,姚恒昌很无助。"此前,从来没有困难让我一个大男人流泪，这回我在办公室大哭一场。"但是，姚恒昌就是姚恒昌，敢创敢干的男子汉终究会"得道者多助"！后来经过政府多方面的协调，另一家银行最终伸出橄榄枝，贷款问题得到顺利解决，设备如约引进至工厂，大幅提升的效率和质量让产品有了更高的"含金量"，更强的竞争力和更好的效益使企业在发展之路上迈出坚实一步。

在常州市委、市政府全面推进乡镇企业改制的东风下，至1999年，全市乡镇企业改制率达95%。2001年，常恒集团顺应大势，对温控器厂实行改制，姚恒昌自然成为最佳人选。改制后，责权利更加清晰，企业的发展进入新的轨道，生产的压力控制器在全国市场独占鳌头，市场占有率一度达到70%以上。2002年，随着中国加入WTO，中国与世界经济的联系更加密切。姚恒昌是善于思考、眼光

曼淇威电气厂区俯瞰图

独到的人。当年，他带着新研发的电机产品在上海国际制冷展览会上参展，由于质量过硬，美国 A.O.SMITH 公司慧眼识珠，一下看上他带去的新品。此后，经过多番接触，美国 A.O.SMITH 收购温控器厂部分电机业务，并建设新公司。姚恒昌受聘担任新公司总经理。姚恒昌爱学习，从乡镇企业负责人成为外企高管，身份转化了，收入提高了，但他没有止步于"舒适圈"，在提升自我上一刻没有松懈。"在外企工作期间，我学会了电脑办工，也学会了国外的管理方法，以及和国外客户的沟通和销售技巧，这让我受益良多。"

2004 年，中国加入世贸组织已进入第三个年头，各行业的对外开放进入更广阔的领域。姚恒昌是从一线成长的企业家，外资企业虽然有系统的流程、完善的管理办法，但创业人原生的激情和斗志往往受制于"体系"的约束，不能得到很好的施展。这年 6 月，姚恒昌经过认真思考，决定放弃当时常州外企中的最高年薪，离开外资平台自行创业，注册成立常州曼淇威电气产品有限公司，"曼淇威"从此走上时代的舞台。

"要按照世界一流的质量要求制造出一流的产品，为世界一流的暖通空调和制冷设备配套。"姚恒昌为新公司定下这样的理念，他是这样说的，也是这样做的。多年的技术沉淀、卓越的管理能力、开阔的发展眼界和持久的定力恒心让重新创业的他信心满满。虽然公司创始阶段遇到多种困难，但姚恒昌凭借过人的毅力，逢山开路、遇水搭桥，曼淇威在市场上迅速扎根、快速生长，很快就赢得客户的青睐。"我们的第一批客户就是美国的麦克维尔和日本的三菱重工，我始终认为和名牌公司合作，才能证明自己也是名牌，国内我们和格力、美的、海尔、海信合作。3 年时间中，我们去了全球近 10 个国家参加国际制冷展，拜访了 30 多个国家的暖通空调和制冷设备公司，在阿里巴巴、全球制造等网站进行推广，我们的产品全部获得 UL、CSA、VDE、TUV、CE、SASO、KUCAS 等国际认证。"

锻造硬核竞争力的三件"传家宝"

一个有竞争力的企业，必然有其深厚的企业文化。这不是仅仅停留于纸笔间的"文字图景"，而是企业在长时间经营管理过程中逐渐累积形成，并持续推行的价值观念、思维方式与工作作风。曼淇威自创立以来，渐渐形成自身独特的文化，成为弥足珍贵的"传家宝"。

艰苦奋斗是本色。姚恒昌认为，"只有知道客户需要什么，才能有正确的战略，市场和客户决定我们的命运"，所以他跑市场很勤，近 30 年来，足迹遍布国内各地，走过几十个国家，拜访过无数客户。但是，这么多年来，他没有住过一次五星级宾馆，没有坐过一回头等舱，从来没有利用出差间隙旅游过。在访谈中，他曾讲了这么一段话："每次到美国去都是坐经济舱，飞行 13 个小时，下飞机就是美国的早晨，在机场卫生间洗漱一下，系上领带穿上西装就直接拜访客户，确实太累。和我一起去的其他人可以适当放松自己，可我不能，需要用心和客户沟通汇报，几个客户几天拜访完了，又是晚上飞回国。说实在话是非常辛苦的，但是为了企业发展，为了了解客户的实际情况，为了公司 1000 多个员工有工作岗位，累也值得！"作为苏南模式发源地之一，常州民营企业家在市场开拓中形成"四千四万"精神，形成艰苦奋斗、知难而进、励精图治的创业精神，在推动企业发展中不怕苦畏难、不等待观望、不怨天尤人，树立强烈的事业心和责任感，这一点，从姚恒昌身上可见一斑，艰苦奋斗因此成为曼淇威发展中淬炼出的本色。

现场就是市场。曼淇威通过多年健康稳健发展，合作伙伴遍布全球，与美国开利、约克、特灵、麦克维尔，日本大金、三菱重工、日立、松下、东芝、富士通，德国博士，韩国三星、LG 等知名品牌进行合作，在全球制冷和暖通行业中有较高的品牌影响力。为什么曼淇威能在世界舞台上竞技并赢得合作伙伴的尊重呢？姚恒昌认为，其中一个重要原因就是重视以现场管理为要素的质量管理。"我们非常重视现场管理，我一直认为现场就是市场。多年来，我们坚持做好 6S 管理，不断检查、改进和提高；我每次去拜访客户都要邀请他们来我们公司现场参观指导，凡是参观过我们公司现场的客户没有合作不成功的。"对此，他讲述了一个令他终身难忘的故事——2018 年，一家与曼淇威合作了近 10 年的外资公司新任总经理打起"小九九"，对公司突然发难。姚恒昌带领团队，两度赴对方总部沟通，却遭到冷遇。这让他不得不警惕，双方多年良好的合作可能因人事变动产生重大变数。如何破解这个问题？在返回的路上，姚恒昌一刻不停地在寻找对策。最终，在南京理工大学 MBA 课程上学到的一个案例让他灵光一现，这个案例指出，"让客户亲身体验一次现场，强于一百句的说辞"。对于曼淇威的质量管理、现场管理，他是有底气的。曼淇威通过 ISO9001 质量管理体系认证，公司产品 100%通过 CCC 认证，出口产品分别通过 UL、CSA、VDE、TUV、CE、

SASO、KUCAS 等安规认证；公司产品远销五大洲 50 多个国家，并与国内外行业知名品牌及世界 500 强企业建立了良好的战略合作伙伴关系。最终，借着对方总经理到常州走访新项目的机会，姚恒昌邀请对方参观工厂，曼淇威先进的设备、洁净的环境、有序的管理让对方绷紧的脸发生了微妙的变化。"客户亲眼看到我们公司的实力，就改变了对我们公司的观念，后来不但没有继续刁难我们，反而密切了双方的合作，到现在为止仍是我们最大的客户！"

重视创新和人才培养。姚恒昌一直保持着学习的习惯，看书和关注制冷行业的发展和变化是他平时最大的兴趣。在经营管理上，他更深知知识的重要、人才的宝贵，所以"尊重人才，为人才营造最佳发展环境是曼淇威'基本法'的重要内容"。目前，管理层人

曼淇威电气生产车间

员中60%以上有在外资公司工作的经历，其中有5人获得MBA证书；全公司1000多名员工中，技术研发人员占25%。本着引进和培育相结合的原则，公司每年投入上百万元用于人才培养，定期组织技能比赛，全面提高了员工素质。我们不妨看一看曼淇威某一年6月至8月的"培训月历"：6月11日，开展员工安全培训；6月23日，组织公司团队领导者培训；7月11日，举行员工电工知识和技能培训；8月23日，开展员工技能竞赛。曼淇威对人才的重视、持续的投入、不间断的学习培训成就最强动能，为公司持续健康发展注入活力。

"约法八章"，携手共兴"恒""久"之业

姚久刚是"恒""久"组合中的另外一极。追随父亲奋斗的足迹，他于2015年放弃美国绿卡，回国后在无锡富士通工作了3年后，到曼淇威担任购买担当，其后先后担任北美区域销售、副总经理等职务，经过多个岗位的历练，被任命为江苏曼淇威电气产品有限公司总经理。

自担任总经理以来，高大魁梧的姚久刚，以其热情、真诚、严谨和负责的工作作风，成为全公司员工心目中的别样"风景"：除非出差在外，这位年轻的总经理每天早上7点前准时到公司，员工8点上班时，都会看到他在公司大门口迎接，风雨无阻！都知道做实体企业很苦，有欧美留学和生活经历的姚久刚却甘愿吃苦，主动跳出舒适圈，回国与父辈并肩奋斗。特别是新冠疫情期间，他吃住都在厂里，带领团队一路攻坚克难，业绩逆势增长，他是如何做到的？

在姚久刚心中，父亲为了企业一直很忙碌。因此，小学三年级时，他就开始在外寄宿求学，很多事情要自己安排、自己处理，这极大

姚久刚（左五）在"天宁区十大优秀青年"命名仪式上

地锻炼了他的自理能力和独立精神。回国工作后，在与父亲的朝夕相处中，他更能理解父亲办好企业的情怀和抱负。为了让姚久刚更快胜任工作，姚恒昌带好头、立好规矩，一点一滴"传、帮、带"，为此，父子俩"约法八章"：

要严肃纪律，严于律己。

要高度重视内部团结和管理，根据新形势完善更有效的激励机制。

要有开拓精神，自加压力，做好领头羊，发展好企业。

要诚信经营，信誉是无价的。

要加强团队建设，培养好人才梯队，营造良好氛围和作风。

要及时盘活存量资产，投资要考虑回收期，不能把银行的钱当作自己的钱花。

要用感恩的心对待所有的人，为社会多作贡献。

要培养坚强的意志和克服困难的能力，确保企业做行业的巨人！

姚恒昌说："做企业是非常辛苦的，没有规律的休息时间，不管什么时候都要积极热情地应对客户需要。我自己到目前为止还是每天坚持7点前到公司上班，如果不出差、不去相关部门办事基本全天都在公司（包括星期天），常年无休。我儿子自愿承接这个企业，他与我同频，每天早晨7点前到公司，在公司门口迎接员工，每天晚上8点半下班回家，这一点，我是很认可他的。我们之间也立好规矩，作好约定，因为我始终认为要经营好一个公司，一把手必须以身作则，要自律，要爱护员工。""我虽然已经到了退休年龄，但和我一起工作的老员工还在努力工作，为了陪伴他们，我愿意再工作10年，协助传承人做好传承！"

父子同心，其利断金。在姚恒昌的支持下，姚久刚应用所学，放开手脚积极作为，推动公司顺应新发展要求，适应各种国内外高端标准和要求，进一步稳固了曼淇威作为大金、三菱重工、松下、富士通、日立、特灵、约克、开利、麦克维尔、艾默生、美的、格力、海尔、海信等世界一流企业核心供应商的地位。在发展企业的同时，作为年轻一代的民营企业家，姚久刚勇担社会责任，积极参加慈善活动。曼淇威公司资助了25个困难学生从小学到大学的费用，长期援助贫困村如皋市土山村，多次组织员工和企业为受灾地区和困难人员捐款，体现年轻一代企业家的担当。

企业传承不是简单的财富"交接"，更是企业价值观和经营理念的传承。在"创一代"和"企二代"共同的努力下，曼淇威紧跟时代脚步，真正"按照我们的企业文化（团结进取，创新发展，诚信满意，回馈社会）进行传承"，这是曼淇威不断增强竞争力的"恒""久"之道！

　　"行之苟有恒，久久自芬芳"，这是东汉著名文学家崔瑗《座右铭》中的名句，也是历代君子立身的箴言，启迪人们凡事若持之以恒，必能成就一番作为。巧的是，江苏曼淇威电气产品有限公司董事长姚恒昌的名字中有一个"恒"字，总经理姚久刚的名字中有一个"久"字，这对低调务实的父子在发展实业之路上守初心、持恒心、有毅力、善传承，携手锻造"恒""久"组合，夯筑"恒""久"基业，共同讲好曼淇威"业贵有恒，久久为功"的发展故事，在常州民营企业薪火传承中成就"恒久致远"的佳话。

常州强力电子新材料股份有限公司　钱晓春　钱彬

新材是这样炼就的

钱晓春（左二）　钱彬（左一）

常州强力电子新材料股份有限公司是中国高科技新材料领域的一匹黑马。多年来，强力电子秉持"让人类的生活更健康、更便利、更多彩"的使命，在创始人钱晓春的带领下，初心不改持续深耕光固化领域，在全球竞争中披荆斩棘、迭代创新，核心产品印制线路板干膜光刻胶引发剂及平板显示光刻胶引发剂技术全球领先，全球市场占有率遥遥领先，于2015年3月24日成功发行A股，在深交所创业板挂牌交易（股票代码：300429）。

站在中国新科技新时代的风口，面对重大机遇与严峻挑战，心怀家国梦想的新一代强力人，凭借高远的志向、宽广的视野、务实的作风、严谨的态度，抢抓机遇、直面挑战，在薪火传承的时代乐章中矢志接力、形成合力，努力提升本领、炼就新材，为强力成为全球光固化领域的技术引领者而接续奋斗，在前进路上奏响新一代的科技强音。

"强"者柔情，党旗下寄出的一封家书

2022年，钱晓春之子钱彬回国正式入职强力新材。从市场拓展、战略并购到新事业部的建设，钱彬全身融入、全心投入，在工作一线淬炼自己，向强力新材交出了一份有质量的答卷。当年7月1日，在建党101周年之际，身为老党员的钱晓春提笔写下这样一封家书——

吾儿钱彬：

见字如面！

时间过得真快，一转眼，强力新材几近而立，你也已长大成人。

思来想去，我想写封信，用这种方式和你说几句心里话。

坦率地讲，作为父亲，我是欣赏你的。从小到大，你都保持着善良的纯真品格，遇到困难咬牙挺着，绝不轻易认输，爸妈和身边的人都有同样真切的感受。有道是"黄金非宝书为宝，万事皆空善不空"，做一个善良的人比什么都重要。人心如海，世态多变，唯有善心不变，成功才能变现。

你自小就有勤俭节约、艰苦朴素的习惯。自从在集团担任董事长助理及绿色感光材料事业部副总经理职务以来，坚持艰苦奋斗的良好作风，深知"成由勤俭败由奢"的道理，这让我倍感欣慰！强力新材发展至今，我从来没有、也从来不敢把它看成私有财富，它服务于客户、服务于社会、服务于国家。

从创立之初，强力新材就始终秉持着为国家科学技术发展作贡献的发展理念。公司密切跟踪最新的产业发展动向，坚守实业、坚持创新，积极研发新技术、新材料。经过不懈的奋斗，公司逐步成长为在光刻胶专用光引发剂、树脂等领域填补多项国内空白的国家级高新技术企业，并在诸多领域实现了国产技术零的突破，在国内和世界同行业名气渐长。但平心而论，我们和世界制造业强手相比还有差距。带领年轻一代的强力人刻苦攻关，不断勇攀技术高峰，从而为员工、客户、社会创造更多价值，最终实现强力新材为国家从制造大国转向制造强国尽一份贡献的蓝图远景——为了实现这一目标，你和管理团队任重道远，但我相信你一定能行。

最后，我还特别想对你说，我是与新中国共同成长的一代人，我是真切感受到"没有共产党就没有新中国，没有改革开放就没有强力新材"的道理。现在，习近平新时代中国特色社会主义思想为强力新材的高质量发展提供了指引和动力，让我们方向更明、举措更实、信心更足。你千万得记住，无论何时何地，我们都要坚定"感党恩、听党话、跟党走"的信念，接续讲好"成为全球光固化领域的技术领先者"的"强力故事"，牢牢掌握光固化领域产品的技术话语权，为中华民族的复兴伟业贡献"强力"力量，坚持实干兴邦、创新报国！

钱晓春

展读书信，纸短情长，从短短的一句"坦率地讲，作为父亲，我是欣赏你的"中，就可感知一位父亲眼中的光芒。

钱彬确实是人们眼中"别人家的孩子"。他传承了父亲勤奋、自律、好学的品质，从小学业出色。从常州市第一中学毕业后，他凭借优异成绩考入南京大学，并选择攻读与父亲同样的化学专业。钱彬在大学期间加入了中国共产党。南大毕业后，又一路深造，最终取得了美国纽约州立大学石溪分校高分子材料和英属哥伦比亚大学尚德商学院管理学（金融方向）双料硕士学位。学成后，钱彬并没有马上加入强力新材，他选择入职加拿大多伦多的一家对冲基金公司工作。对于孩子的选择，钱晓春非常开明，给予尊重。钱彬工作极为努力，他学以致用，曾代表基金公司在全球进行面向机构和个人投资人的路演，帮助基金募集了折合3亿元人民币的投资。

2015年3月，强力新材在深交所创业板上市，进一步加快了公司的国际化步伐。但彼时，强力在北美的销售主要依赖当地经销商，

强力新材电子材料

缺少与终端客户的沟通渠道，由于隔着中间商沟通相对困难，并不利于企业长期的健康发展。面对这个问题，钱晓春一直在寻找合适的人选和有效的对策。有一次，在一场父子间的交流中，钱晓春将这个问题抛了出来，想听听钱彬的想法。因为强力新材是以应用研究为导向，并致力于自主研发创新的企业，所以在新产品开发方面，钱彬希望通过与下游客户的深度合作来共同寻找下一个市场机会。当时，这方面强力在亚洲市场做得不错，和日本、中国台湾、韩国等电子材料大厂都有紧密的合作，但是北美地区相对薄弱。针对这一问题，钱彬提出要改变现状，在北美组建一支强力自己的销售团队，这个想法得到钱晓春的高度认可。

2016 年，在钱晓春的鼓励下，钱彬组建了强力北美销售团队。钱晓春充分放手，让钱彬发挥自己的特长开展工作。钱彬不负众望，通过 3 年的努力，带领团队逐渐打开北美市场，成功与北美的油墨、涂料、3D 打印几个行业的领头公司形成了直接销售和长期研发合作的关系，并成功在北美推广了公司的自主品牌 Tronly。

自 2018 年开始，中美经贸关系呈现紧张局面，贸易摩擦持续升级，由此引发的网络安全、地缘政治、技术角力等诸多方面的争端逐步加剧。风云涌动，强烈的爱国之情让钱彬重新审视脚下的路。他意识到，技术创新才是"硬通货"，强力的新一轮发展需要创新，创新需要有更多的人去实实在在地推动。在钱晓春的支持下，2019年，钱彬正式踏上归途，抖擞精神，加入强力新一轮创新发展的"接力跑"。

归国后，钱彬主要负责公司战略并购及行业整合，寻找公司未来发展方向，同时还兼任绿色感光材料事业部副总经理，负责事业部的全球市场与销售业务，钱晓春说："绿色感光材料事业部的产品主要面向 UV 涂料 / 涂装、UV 油墨、胶黏剂、增材制造等领域，应用前景广泛、市场规模巨大，在强力的未来版图中，是被给予厚望的基盘产业。三十而立的钱彬年富力强，正是甩开膀子抓机遇、迎挑战，为祖国献力、大干一番事业的好时候！"此时的钱彬，经过多年的历练，已然准备好了。

"力"的作用，于无声处树榜样

父爱如山，厚重而博大。父爱又如一叶帆，为下一代的人生航程指明方向！"我很佩服我的父亲，他 30 多年坚持做一件事，对于我来说，足以成为榜样！"在钱彬心中，父亲钱晓春无疑就是那一座山、那一叶帆。

钱晓春出生于20世纪60年代，那是一个物资匮乏的年代。他曾打趣道："如果要把少儿时期给予我的印记做个总结，我会说，我们这一代的人吃过很多苦，所以不怕苦。"钱晓春确实是善于苦中作乐的人，他最爱的娱乐方式之一就是学习。1981年，钱晓春一举考上了苏州大学化学系，成为十里八乡的美谈。大学毕业后，他凭着优异的成绩，被分配到南京农业大学任教。可从小就敢想敢闯的他并不满足于象牙塔内安逸的现状。1988年，钱晓春最终选择跳出舒适圈，成了常州市化工设计研究所工程师，身份从"钱老师"变为"钱工"。20世纪八、九十年代，作为"苏南模式"发源地之一的武进，乡镇企业渐呈星火燎原之势，农村发展工业的积极性空前高涨。钱晓春敏锐地感觉到，历史正翻开全新的一页，自己应该在这新的一页中有所作为。

凭借扎实的功底，钱晓春逐渐成为苏南地区知名的"星期天工程师"。在他的帮助下，数年中6家乡镇工厂步入发展快车道。钱晓春本人在做技术研发的同时，有机会更多地了解市场需求以指导研发方向，这使他的视野更加开阔。

1997年，钱晓春迎来了人生中的一次重要机遇。和他长期合作的外贸公司收到了一张来自日本的化学品订单。最初看到这张订单时，钱晓春有点懵——甚至连产品的结构式都看得云里雾里。但越是难题，越能激发钱晓春的兴趣。经过几个昼夜的冥思苦想和反复实验，这一看似复杂的产品竟然在一周之内被他攻克了。小试、中试样品先后寄到日本，检测后符合要求，这让客户也觉得"不可思议"。8个月之后，日本客户亲自来到中国，专程拜访钱晓春。当日本客户看到如此复杂的化学品竟然是在非常简陋的条件下完成，更加觉得"难以置信"，决定给钱晓春一次机会。钱晓春没有让日本客商失望，产品从

曝光实验

50公斤到500公斤、再到3吨，订单量慢慢增加。

这一产品，正是印制电路板（PCB）光刻胶专用化学品，名叫六芳基二咪唑，是一种光引发剂。该系列的产品后来成为强力的发展之基。

2000年是改变钱晓春人生走向的一年。这一年，在老家遥观镇钱家塘村乡亲期盼的眼光中，他接手村里一家已关停3年、负债52万余元的化工企业，从此忙碌的"钱工"成了更加忙碌的"钱总"。

虽有心理准备，但当打开废弃了3年的工厂大门时，钱晓春还是吓了一跳，破旧的厂房、遍地的杂草、满是尘埃完全报废的老式反应釜成了他得到的"全部家底"。但开弓没有回头箭，钱晓春乐天派的性格很快将他拉上了"甩开膀子加油干"的道路。大热天，他光着膀子，和几名初创人员一起装设备、修设备；初创时期缺资金，厂里连垫圈也不舍得买，就自己制作自己装；几个人还对办公区域重新粉刷，并"考究"地用塑扣板吊顶，在地上铺上塑料地毯……几个月后，厂房和设备准备就绪。

强力新材无尘升华车间

这个回乡创业的"白面书生"没有让乡亲们失望，由于产品过硬，公司成立的第一年，仅仅3个月时间便实现了100多万元的销售额，并且实现盈利。之后，公司销售步步高，第二年销售就达到600万元，第三年突破1200万元，一家濒死多年的企业在他手里神奇复活了。

钱晓春是从"实验室走出来的董事长"，对新技术几乎达到"痴迷"的程度。问起缘由，他的回答很直接："只有从源头创新，才能掌握价值链的主导权，最终站在产业的顶端。"

在钱晓春看来，创新绝不是一句空洞的口号，而是企业制胜的"法宝"。早年做"星期天工程师"的时候，他亲身经历过很多乡镇企业的起起落落。如果不能在技术上不断创新，那么最终会走上"价格战"的老路，这样的企业是没有生命力的。他深深知道，创新的关键就是掌握价值链的主导权，只有做源头创新，才能站在产业顶端。在他的领导下，强力夯基固本，在人才建设、系统保障等方面为创新开绿灯。通过持之以恒的努力，强力多次承担国家部委和江苏省地方的科技攻关项目，包括科技部重点研发计划项目和江苏省科技成果转化项目，形成了自身的核心技术。公司两次荣获江苏省科学技术奖（2012年度和2016年度），还荣获国家工业和信息化部授予的"制造业单项冠军示范企业"称号、中国石油和化学工业联合会科技进步奖一等奖、江苏省首届专利银奖江苏省五星上云企业、江苏省智能制造示范车间、两化融合管理体系AAA评定等。截至2022年底，公司累计申请中国和国外发明专利510项，其中已获国内外授权合计达223项，新化学物质登记200余件。2023年7月获得中国专利银奖。强力新材由此逐步确立了在全球光刻胶专用高端光引发剂领域的技术和市场领先地位。

创新报国，让梦想与时代来一场双向奔赴

有人说，父子之间，首先是生命的传承，其次是精神的传承。钱晓春用自己的"情怀担当"和"知行合一"在科技强国、实业报国之路上留下了奋斗的足迹。他的一举一动无形中深刻影响了钱彬的价值观。

收到钱晓春的信后，钱彬也以共产党员的身份认真给父亲回了一份信。

亲爱的父亲：

收到您的家书，心中一阵阵暖意。感谢您带我再次回望了经营企业的初心，温习了您常提起的"创新报国"，更提醒了我坚定未来的发展方向和道路。

成长的路上，您经常跟我讲，强力新材的成功主要得益于在每个节点、每个关键时刻都选择了与党的大政方针、路线相同的方向前行。您也经常勉励我，优秀的企业要善用党建，优秀的企

业家要用党员的身份严格要求自己。

这些年，在企业经营管理过程中，我逐渐明白了父亲您的信仰。办企业主要靠人，党建本质上也是做人的思想工作，教育人、引导人、激发人是党建工作的重要手段。当党建融入企业管理、融入企业文化，企业党组织就会变成坚强的战斗堡垒，党员就会变成一面面先锋旗帜，进而带动其他职工群众发挥作用，党建是助力企业凝聚力、战斗力、竞争力形成的最好催化剂。

……

父亲，您放心，未来，我会坚持您倡导的"创新报国"，通过"党建引擎"引领，凝聚起最广泛的"红色生产力"，助推我们强力新材高质量发展。

钱彬

从钱彬的字里行间，我们可以看到，强力两代人正肩负一份责任、共赴一份事业。从"实验室里走出来的董事长"，到"年轻一代的创业者"；从"只有做源头创新，才能站在产业顶端"，到"创新报国"；从光刻胶用光引发剂、树脂等领域锐意革新，到凝聚起最广泛的"红色生产力"，强力新材在坚持价值引领的阳光大道上凝聚奋进合力、共写未来宏图。对此，钱晓春说："坚持价值引领是强力新材传承发展的核心，钱彬在企业经营上树立的正确价值观让我感到欣慰。""我们一直积极倡导、树立、践行正确的价值导向，激发正能量，坚实树立'创新报国'的理念，引导年轻一代为祖国的现代化高质量发展凝心聚力、团结奋斗，这是引领强力健康可持续发展的根本原因"。

实践告诉我们，企业的命运从来都和时代紧密相连。回头看过往，强力新材的发展史唱响了常州民营企业在高科技赛道上的奋斗之歌；抬头向未来，强力正在新时代的赛道上传递精神、形成合力，共同成就一场梦想与时代的"双向奔赴"，炼就真正的时代"新材"！

记者手记

常州强力电子新材料股份有限公司20年来秉承创新导向、客户为本的理念，在印刷线路板干膜光刻胶、液晶彩色滤光片光刻胶等专用化学品领域填补了国内空白，一跃成为全球龙头企业。回望来时路，强力电子的发展得益于强力人二十年如一日的创新及服务精神。在科技发展的洪流滚滚向前，需求改变应用、应用驱动创新、创新引领发展的今天，强力电子也挺立潮头，在"接力"中铸就"合力"，在"奋力"中再铸"强力"，在"有力"的传承中踏上科技创新的浪尖，展现常州高科技企业的"魅力"！

江苏华朋集团有限公司　钱洪金　钱俊

共展鲲鹏志　同心向凌云

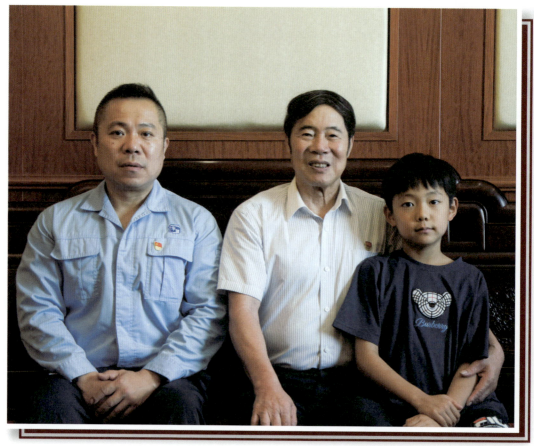

钱洪金（左二）　钱俊（左一）

江苏华鹏超高压电力变压器性能达到国际先进水平，在北美市场份额占比位列国内同行业第一；世界首台 63000kVA 110kV 干式变压器一次性研发成功，填补了该领域国际空白；企业自主研发的 48 脉波干式整流变压器技术为国际首创；干式变压器几乎覆盖国内 500 米以上高楼以及银行数据中心；公司自主研发的海上风电机舱变压器和塔筒变压器均通过国家级鉴定；电压等级实现 0.4kV~850kV 变压器品种全覆盖，容量最大达 240 万 kVA，占全球电力变压器市场品种的 90% 以上……始建于 1967 年的江苏华鹏变压器有限公司是江苏华朋集团有限公司核心企业，在董事长钱洪金、总经理钱俊父子的同心携手、接力奋飞中，由濒临倒闭的小企业发展为资产总额超百亿元的生产电力变压器和特种变压器的专业制造公司。产品连续 11 年产销量位居全国第一，企业连续数年世界单个企业产销量第一，获得国内机械行业质量奖的最高奖项——"全国机械工业质量奖"，集"国家免检产品""中国名牌""中国驰名商标"三大殊荣于一身……成为名副其实的中国工业行业排头兵。《美国华尔街日报》《世界工业杂志》报道：JSHP（华鹏英文商标）是世界上规模最大、品种最全、质量最好的变压器制造厂之一，是北美变压器十大品牌中唯一入选的中国企业。

烈火炼得真金出

"当兵的接到命令，应该怎么干？"

"往前冲，要把不可能变成可能！"

这是现年 78 岁的江苏华朋集团有限公司董事长钱洪金融入血液

的信念。钱洪金 1964 年参军入伍，那年他才 19 岁，在北风呼啸的戈壁滩盐碱地里一待就是 14 年。搞训练、筑工事，锻造出铁一般的意志——"不是环境改造人，而是人改造环境"，老班长的一句话深深埋在钱洪金心中，也使他在日后创业过程中勇往直前。

1983 年初，钱洪金临危受命担任溧阳县轧钢厂厂长兼书记；3 年中，轧钢厂实现利税 400 多万元，起死回生。刚刚打赢这场"突击战"，1986 年底，他又被调去抢救濒临倒闭的溧阳县电机厂。离任前，经钱洪金主动要求，溧阳县审计局对他进行离任审计，开了

华朋集团厂区俯瞰图

全国先例。审计公证组的报告认为："钱洪金任职期间，使濒临亏损的县轧钢厂出现了生机，企业面貌有了较大改观，主要经济指标有了较大幅度的增长，八五年实现产值七百零四点七万元，实现利润一百一十六点九万元，任期前八二年产值一百二十六点六万元，任期前八二年实现利润一点四四万元，钱洪金任职期间的成绩是明显的。"这份全国首份厂长离任审计报告（刊登在《新华日报》上）鼓舞了钱洪金的信心。带着各方面的期许，钱洪金赴机电厂"救急"。

跟4年前的轧钢厂相比，电机厂这幅"烂摊子"可谓"令人头皮发麻"：此前不到10年时间，厂领导换了11任，企业亏损40多万元。上午10点多，有人早早下班了，有人却刚刚来上班；几个车间主任带头去外面给人打工，几乎所有的员工都从厂里偷东西回家，小到做变压器的铜线，大到厂里生产的一整台电风扇。

面对困境，钱洪金拿出打硬战的勇气，从搬走干部的"铁交椅"入手，大胆进行企业内部改革。

原来在主管公司领工资的干部全部到厂里领工资，和职工共担企业风险；有其位无其责的干部充实到生产的一、二线；全厂职工每人每月拿出 15 元工资作浮动。在此基础上，工厂内部坚决停产亏损产品，强制推行产品更新，责任到部门，风险大家担，背水一战。仅一年时间，全厂开发了 7 个机座号的 36 个规格品种的市场紧俏产品，产值翻了一番，企业很快改变了亏损状态。

为了巩固和发展改革成果，钱洪金又在苦累脏重的铸造车间开展厂内特区试验，实行全额承包，规定完不成指标要降一级工资。有些员工感到厂里的指标过高，信心不足，钱洪金就亲自参与承包，鼓舞士气。在他的带动下，电机厂全面实现了承包任务，其中铸件成品率提高了 30%，大大提高了经济效益。1992 年，电机厂成为常州市的先进企业。

接下来，溧阳电机厂在钱洪金的带领下一路乘风破浪向前。1995 年，电机厂更名为江苏华鹏变压器有限公司，1997 年试制成功的 SC9-Z-20000/35 干式变压器一举通过了国家变压器质量监督检验中心的试验认证和国家机械工业部、电力工业部的联合鉴定。这是当时国内电压等级最高、亚洲单台容量最大的三相树脂绝缘干式变压器，属国内首创，被国家科技部、国家质量技术监督局评为"国家重点新产品"，这标志着华鹏大容量干式变压器设计制造能力达同期国际领先水平。"华鹏"以昂扬姿态在发展的大潮中逐浪而行。

2004 年，正逢国家电力大干快上的时代，钱洪金抓住了这个难得的机遇，集中全公司力量，全力以赴生产电力变压器，为企业的发展赢得了强大的后劲。2005 年至 2006 年对于华鹏变压器来说是

钱洪金与车间员工交流

值得纪念的时期，一是"花开两朵"，两款产品双双跻身"中国名牌"行列；二是公司拳头产品 110kV 及油浸式变压器连续 4 年占据着国内市场销售量第一的宝座，当年的市场占有率已达到 22%；三是华鹏变压器被中国电器工业协会变压器分会评定为"2005 年度变压器行业十强企业"第一名；四是公司的产值从十年前的不到 1 亿元跃升至 20 亿元；五是公司生产出了第一台 220kV 的产品，通过了国家权威机构抗突发断路、雷电冲击等大量破坏性方式的最高等级试验，成为当时世界上唯一一台做过如此高等级测试的 220kV 变压器产品。种种利好交叠，让"华鹏"人为之欢欣鼓舞，更满怀跨越发展的信心和决心！

自 2005 年起，公司亩均税收、人均利税和销售收入都处于市领先水平，多次得到江苏省和常州市主要领导的高度评价。2019 年，华鹏获得国内机械行业质量奖的最高奖项——"全国机械工业质量奖"，同年，在"2019 苏商大会暨第七届苏商发展论坛"上，钱洪金被授予"最受尊敬的苏商实业家"殊荣；2021 年，又被授予"苏商实业强国突出贡献奖"。

如今，华鹏已成为生产电力变压器和特种变压器的专业制造企业、国家重点高新技术企业、江苏省百家重点培育发展企业、中国机械工业企业核心竞争力 100 强企业、全国机械工业质量效益型企业，并率先在行业内建立了完备的质量、环境和职业健康安全三大管理体系。产品获得了 IEC、UL、CE 等变压器行业全球认证，广泛用于国内各大火电、水电、核电、光伏、风电、绿能、特高压、海上平台、轨道交通、数据中心、航空航天、石油化工、高层建筑等领域，远销北美、南美、欧洲、东南亚、中东、非洲等 94 个国家和地区，并成为西门子能源、意大利电力、英国电力、西班牙电力等核心供应商，是中国出口变压器最多、地区最好的企业，国外客户主要集中在欧美、中东的发达地区，欧洲部分国家指名必须配套华鹏产品。

2023 年年初，由华鹏参与建设的新加坡裕廊岛电池储能项目正式投运，这是东南亚目前容量最大的能源储存系统，容量高达 200 兆瓦时，华鹏为此项目提供了 4 台 75000kVA 66kV 主变及 8 台 30000kVA 33kV 站用变，并针对项目产品短路阻抗高的特点，在设计上采用了三维电磁场仿真分析。华鹏的实力再次得到国际印证。

基层磨砺培新木

魁伟、爽直、干练，1973年出生的钱俊，身上流溢的干净、利落，与其父亲、江苏华朋集团有限公司董事长钱洪金的风格如出一辙。这并非偶然，早年都在部队成长的经历似乎让这对父子有更多的共鸣。

1978年，钱洪金从部队转业到地方时，钱俊已经五岁，对他来说，此前的父亲只是一个遥远而亲切的身影，他不能像其他小朋友那样骑在父亲的肩膀游戏，在父亲的怀抱撒娇，但这一切随着父亲的转业有了转变。钱洪金事业心很强，工作繁忙，但他言传身教，很注重孩子的教育。虽然当时家庭生活条件极为普通，没有高级玩具，没有美味佳肴，没有漂亮服装，但生活简单而幸福，这逐渐养成了钱俊独立、自强、阳光的个性。

1991年，钱俊满怀对军人的崇敬参军入伍。临行前，父亲只赠予他一句话，"遵章守纪，不怕吃苦，好好训练！"他所从事的通信兵兵种对士兵要求极高，《通信兵之歌》是这么唱的："银线架四方，电波振长空，铁脚走万里，一颗红心为革命，日日夜夜坚守战斗岗位……"由于兵种的特殊性，训练强度大，对个人素质要求极高，所谓"两眼一睁练到熄灯，两眼一闭提高警惕"，士兵需要有吃苦耐劳的精神和高度的责任意识。

19岁的钱俊没有在高强度的训练中退缩，他以父亲为榜样，肯吃苦、善动脑，一丝不苟地完成训练要求，让战友刮目相看。部队4年紧张有序的生活、训练与学习让他在人生观、价值观生成的最重要人生阶段实现了自我的锤炼，完成了自我的升华。

2006年，钱俊正式入职华鹏，董事长儿子的身份并没有让他享受任何特殊的待遇。和入伍前一样，父亲又送他一句话："没有规矩，不成方圆。进了工厂就要尊重工厂的规则，不搞特殊，自求上进，凭实力说话。"钱俊心领神会，到了"华鹏"，他就是普通的职员，一切归零，从头学起！他对父亲说："别人能吃苦我一样能吃，别人能做到的我一样能做到，且要努力做得更好！"

虽然环境不一样、岗位不一样，但5年的军旅生涯赋予了钱俊强烈的责任感与组织纪律性。入职后，钱俊跟着车间师傅学习变压器生产的各道工序，前装、后装、总装，每一个环节他都不放过。辛勤的汗水不仅让他很快入了门，而且成了好手。2007年，因工作成绩突出，他被提拔为干式变压器车间主任。2008年，钱俊又因在干式变压器车间的出色表现通过集团评议，担任公司副总经理，负责集团分厂的经营管理工作。这对他来说，是莫大的肯定，更是一次挑战。甫一上任，千头万绪，但钱俊很聪明，他从父亲的治厂格言中找到了"金钥匙"，很多问题迎刃而解。

在分厂的管理中，钱俊严格落实集团"无缺陷工作章程""质量重奖重罚制度""绩效挂钩考核制度"三大法宝，将产品质量这根弦牢牢绷在所有职工心头，从源头上杜绝产品瑕疵。除了在制度上严格把关，钱俊还从产品设计、材料、制造、检验、服务各环节逐个进行调研、会诊、解剖，以强大的行动力推动分厂的理性化管理。在做好理性管理的同时，他没有忘记父亲关于人性化管理的提醒。作为"70后"的管理者，钱俊思想活跃，富有活力和亲和力，他身体力行，积极实践以人为本的管理理念。坚持以德服人、以理服人、以身教服人的管理理念，将集团多年来倡导的"靠制度管理、靠规范管理、靠感情管理，靠干部的身先士卒、靠典型的标杆作用、靠员工的自觉管理"这一理念非常好地融入自己的管理实践，赢得了员工的尊重。

2017年初，钱俊被提拔为集团常务副总经理，2018年初，正式被任命为集团总经理。这是对他扎根集团不断学习、努力提升、能力出众、成绩有目共睹的肯定，也是对他带领集团向更高远天宇翱翔的嘱托与期冀。

"三气精神"共传扬

"公司有名气、干部有勇气、职工有志气"，这是华鹏的"三气精神"。这不单是一句响亮的口号，而是钱洪金从企业的实际出发，提炼出来激励职工勇于进取、敢于争先、奋于拼搏，一心一意把企业做好、做专、做精的精神动力。

钱洪金不仅是"三气精神"的提出者，也是"三气精神"的坚定践行者。为了让公司有名气、激励干部有勇气、促使职工有志气，他数十年如一日率先垂范。每天早上6点半到工厂，晚上10点多下班；即便到如今78岁高龄，仍然坚持这套作息时间表。在华鹏人的印象中，董事长干起事情来雷厉风行，走起路来把同行的人累得气喘吁吁；出差到徐州、枣庄、青岛等地，他都是夜里12点出发，早上8点到达，让司机留在车里睡觉，他自己去办事，晚上8点开始往回赶，第二天照常上班而且精神抖擞，很多年轻小伙子都比不过他。如今，已近耄耋之年的钱洪金却没有一点暮气，每天坚持锻炼三次，说话声如洪钟，腰板挺得笔直，浑身散发着满满的精气神。

华朋集团厂区外景

同样是军人出身，钱俊对父亲提出的"三气精神"心领神会，他认为，"华鹏"一路走来，从名不见经传的集体小企业做成了中国变压器行业的领军型企业，所获的一系列重量级荣誉都得益于"三气精神"的锻造。自己身上浸润着中国军人的血气，在带领集团大步超前的征程中，理所当然要成为"三气精神"积极的践行者和推动者。

对于华鹏的发展，钱洪金董事长也曾有一段精彩的讲话，他说："少年强则中国强，企业强则国家强。那么企业要强，要做什么？就是要把产品做好。把产品做好最关键的是谁？企业的领头羊要有这个思想和精神。产品不可以有任何虚假的东西，必须脚踏实地做好。这一点我们从世界上很多好的企业身上都看到了，这为我们作出了表率或者说作出了示范。那么最终我们的劳动创造什么？创造价值、创造附加值，我年龄这么大，这个时候就要去履行自己的诺言。"

身为公司总经理，钱俊深谙其理。沿着父亲奋斗的路，他严以律己，不断加强自我学习与提升，在创新发展之路上带领华鹏人攻坚克难、屡获新突破。近年来，他带领技术团队成功研制世界上容量最大的干式变压器、用于海上风力发电的机舱安装变压器等，产品品种超过千个，获国家单项冠军称号，并首批获得"江苏精品"认证证书。华鹏产品远销 94 个国家和地区，仅 2023 年一季度就完成 20 亿元的新增订单。

在带领华鹏人大力推动产品创新和市场拓展的同时，钱俊秉持父亲钱洪金的一贯治厂理念，非常注重员工的福祉，在公司内始终倡导和营造包容共享的"家文化"。疫情期间，员工工资照发；为避免人员集聚，使员工及其家属安心，企业统一采购数万斤新鲜水果蔬菜向员工免费发放。公司每年还会拿出一部分资金慰问在职和已退休的困难员工，认真了解员工的实际工作状况和所思所想所求，为员工排忧解难。为了更好地服务职工，公司工会积极组织策划了一系列专题活动。如庆祝中国共产党建党 100 周年系列活动，每年端午节、中秋节、春节宴请外地员工和大学生；多批次邀请车间优秀班组员工共享晚宴，每年组织优秀员工多批次参加国际、国内旅游。让员工充分感受到公司的人文关怀，让"华鹏一家亲"的观念深入员工心中。

钱俊说："数十年来，父亲用他的情怀、智慧和诚信务实、脚踏实地的实业精神创造中国变压器行业的一座高峰。如今父亲仍是华鹏的一座灯塔，为公司的创新驱动、跨越发展做好战略引领。作为接力者，自己也当以父亲为榜样，传承、发扬父辈的创业精神，融会贯通，对标找差，奋发前行！在新时代的新赛道上，带领华鹏创造新辉煌！"工作之余，钱洪金享受着天伦之乐，成了孙辈的"好朋友""好老师"，他教导孙辈："别人的东西不乱拿，这是教养；用过的东西放回原处，这是习惯；不能打断别人说话，这是尊重；不能说脏话，这是素质；遇到长辈先打招呼，这是礼仪；食物不能浪费，这是节约；为自己的过错道歉，这是担当；至少有一项体育爱好，这是健康。"这些朴实的话语成了孙辈学习和铭记的准则，也让"正知正行"的光芒照亮孩子的人生、照见"百年华鹏"的希望！

在钱洪金、钱俊父子的薪火接力下，我们期待华鹏这只中国变压器行业的诚信之鹏、创新之鹏、智慧之鹏在时代苍穹中飞得更高、更远！为新时代创造更多的价值，为中国梦增添更多的精彩！

华朋集团新厂区俯瞰图

　　"过去叫质量第一，现在我们是质量唯一。拿产品说话，就是我们闯荡国际市场的最大底气！"这是江苏华朋集团有限公司董事长钱洪金的肺腑之语，字字掷地有声。现年78岁的钱洪金，两次临危受命，两次让企业起死回生，用军人的坚韧、执着、严格，在"中国智造"的战场上一路奔袭、一路闯关，领导华朋集团"逆袭"成为全球变压器产量最大、品种最全的单体企业。如今，在产业重塑、能源变革的大背景下，同为退役军人的钱俊正传承父辈勇于奋斗、开拓创新的精神，乘着常州建设"新能源之都"的东风振翼高飞，风鹏正举！老兵新兵共携手，在领导华朋集团成为全球变压器"第一集团军"的新赛道上战出了常州民营企业家的精气神！

常嘉建设集团有限公司　殷云峰　殷毅

"嘉树常茂" 的幸福生长之道

殷云峰（左二）　殷毅（左一

坚守"一个主业"发展中心，涵盖工程设计、预制装配、电力施工、开发建设、工程总承包、文旅体育六大业务板块；下辖常嘉建设、华科电力、广信置业、项目管理、冠云建科、中赛体育等8家子公司；具备建筑工程总承包一级资质和房地产开发、市政、消防、地基基础、园林古建、电气安装等多项专业资质，年施工能力超300万平方米——创建于1992年的常嘉建设集团，历经30多年的发展，已跻身中国建筑业成长性200强企业；连续多年获得"全国优秀施工企业""中国工程建设诚信典型示范企业""全国守合同重信用企业""全国模范职工之家"等荣誉称号；并当选为常州市建筑行业协会会长单位；2023年，被评为"常州市幸福企业建设试点示范单位"。

"30多年的发展，压力无处不在，但我始终坚守本心、顺势而为、从未懈怠，对员工负责、对行业负责、对社会负责。"谈及企业，董事长殷云峰非常坦诚。正是秉持这份坦诚，殷云峰才能带领常嘉人攻坚克难，跨越发展；也是因为这份坦诚，常嘉才能在薪火传承之路上以开明的姿态尊重选择、以豁达的心胸包容得失、以专业的精神引领发展……殷云峰、殷毅父子正携手并肩，为奋力谱写常嘉让生活更美好的新篇章而接力前行！

创新为翼，引领发展

行业发展日新月异，中国速度跨步时代。对于企业来说，创新是助力企业发展的重要推力和关键要素。虽然从事的是传统行业，但殷云峰有非同寻常的"创新"意识，多年来，他紧紧牵住这个"牛鼻子"，不管是管理创新，还是技术创新、产品创新，常嘉的创新都贯穿在每一个部门、每一个细节中。创新，为常嘉的质量担当提供了坚实的保障，更为常嘉实现"建现代一流企业，创行业知名品牌"的企业愿景输送了不竭的动力。

常嘉积极构建以"精益建造、数字建造、绿色建造、装配式建造"为主的新型建造体系，在工程施工中创新性运用BIM、大数据、物

安全检查

联网等信息化新型技术，实现建造过程的数字化；同时将绿色、节能、环保理念贯穿工程设计、施工、运维等全过程，实现工程建造的绿色低碳发展。悦动广场项目是常嘉在工程实施中探索 BIM 集成应用的优秀案例，有效融合 BIM 技术、VR 技术、无人机、视频监控及智慧工地，集成了手机 APP 质量、安全隐患自查系统、安全帽人员定位系统、人脸识别门禁管理系统、VR 质量、安全教育管理系统、扬尘噪音监测系统、视频监控系统、防护栏杆报警系统、危大工程预警系统、智能水电表监测系统等，将新的管理理念与模式有力渗透到安全、质量、进度管理中，形成了相应的工程管理解决方案，成为江苏省绿色智慧示范项目，极大地提高了施工现场作业效率，有效降低了管理成本，减少了人力投入。

技术创新也直接推动了产品创新。2019 年 7 月，常嘉推动常州市重点项目——绿砼（江苏）建筑科技有限公司新型墙体材料设计研发生产项目的建成投产，绿砼（江苏）每年能生产 15 万立方米的装配式建筑"零部件"。有了这些"零部件"，造房子就像造汽车一样，在大幅缩短工期、满足环保高效、节能减排等方面具有优势，同时又能提高建筑物的整体品质，市场前景非常广阔。"造房子如造汽车"一说是殷云峰的创新，他认为，有人说装配式建筑像搭积木，但他更赞同装配式建筑像造汽车，这个比喻用词的变化反映了全产业链从业人员及建筑工业化进程中科学严谨态度的要求。在殷云峰的蓝图中，建筑业也是制造业，传统建筑企业转型，建造方式改变及创新绿色发展是必由之路。绿砼的未来就是打造数字化绿色建筑产业基地，引领产业集群化发展。

质量担当，恒若磐石

2020 年初，由常嘉参建的泰州 ±800 千伏换流站工程项目喜获"中国建设工程鲁班奖"，这是该公司继 2015 年的 500 千伏溧阳变电站项目、2017 年的 500 千伏扬州北变电站项目斩获鲁班奖以来的第三个鲁班奖工程。鲁班奖每两年评选一次，是我国建设工程质量最高荣誉奖，被誉为"中国建筑界的奥斯卡"。常嘉作为常州首个"四年三获"鲁班奖的企业，成为常州建筑业的品质标杆，其"密钥"是什么？

殷云峰给出的答案很简单："其实没有什么秘诀，关键是全心全意，真正把工程质量作为企业百年大计来抓。质量安全就是企业的'生命线'，每一个建筑都容不得一丝偷工减料，容不得一毫敷衍塞责，我们要杜绝表面文章和形象工程。"循着常嘉的发展路径，不难看出，创建于 1992 年的常嘉，是用精雕细刻的工匠精神将"建现代一流企业，创行业知名品牌"的企业愿景落到每一个细节，打造经得起时代考验的质量长城。

30 多年来，常嘉始终坚守品质发展观，用心造好房。早在 2012 年就导入卓越绩效管理体系，严格按照 ISO9001：2008 质量管理体系、ISO14001：2004 环境管理体系及 GB/T28001-2001 职业健康安全体系标准做实企业管理，并创新应用"互联网+"技术，将二维码和 BIM 技术推广运用于施工实践，全面提升建筑实物质量管理。公司严格推行"三细一心"工作法（三细：细化方案、细节关注、细致态度；一心：用心造好房），通过周周有巡检、月月有综合自查、每季有分析总结的严格监督手段，将绿色施工与安全文明施工落实为各在建工程项目的常态管理。工程质量合格率达 100%，连年实现"全年安全生产无事故"。

在常嘉，殷云峰常常带着一双"火眼金睛"亲自巡视工地。有一次，殷云峰发现塔吊检测证书当天恰巧过期，当即命令安监部向该工地下达了停工通知单，直至 3 天后换证到位，才准许恢复施工。他时常告诫员工："质量和安全绝不能马虎，一时的疏忽就要付出鲜血的代价！规则就是用来遵守的，不是'挂在墙上'看看的，绝不可心存侥幸！"

在殷云峰近乎偏执的坚持下，常嘉严格遵循卓越质量管理体系各项要求，将严格的质量管理做成了习惯。公司从落实企业主体责任的角度出发，加强引导，科学推进，坚持"以质取胜"的品质发展观，在实际业务开展中不断深化、推广先进质量管理方法的应用，收获了良好的经济效益与社会效益。集团先后荣获 200 余项省级以上 QC 成果、24 项实用新型专利、多项发明专利，参编国家及行业标准 3 项、新技术示范应用工程 61 项，并获省市级优质工程奖 200余项，创下"四年三获"中国建筑业工程质量最高奖"鲁班奖"的业界佳话，并成为目前常州建筑房地产行业唯一获得"市长质量奖"的企业。

回首"十三五"，常嘉已经率先实现由"传统施工模式"向"建筑工业化"的飞跃，完成从"施工总承包"到"工程总承包"的战略转型。在全面质量管理工作已上升到国家战略高度的时代大潮中，殷云峰胸有成竹。他在为常嘉描绘的"十四五"战略蓝图中，将秉持"质量强企"的核心理念，向"成为建筑业最具价值的综合服务商"

这一目标坚实迈进，用生长于常嘉血脉中的品质担当再铸质量神器，为"质量强国"奉献常嘉力量。

幸福企业，包容共享

多年来，公司用心为员工服务、办实事，持续种好"常嘉幸福树"。"30多年创业不易，我的个性决定了企业的个性。我们常嘉始终以善待员工为己任，致力于打造幸福企业，推出提升员工幸福感的'28项福利'……"在包容共享的阳光大道上，殷云峰关爱员工，把温暖撒进每一位常嘉人的心间。

殷云峰总是说，幸福树，常青树，员工之事无小事，"常嘉幸福树"是员工人生目标与企业发展目标的统一。我们要让员工在工作中得到幸福、在幸福中快乐工作。在这棵幸福树上，主杆是企业发展与成长，它为员工提供广阔的发展空间和舞台，它给员工体现自身价值的丰厚物质保障和薪酬福利，它更关注员工的身心健康和工作环境……幸福树的根系是全体员工及其自身拥有的光芒与才华，为企业的创新发展提供源源不竭的动力；枝干是企业、员工共同赋予的各类福利、培训浇灌而成的枝繁叶茂。

在殷云峰心中，常嘉建设是一个大家庭，在这个大家庭中，每一个人都了不起，每一个人都值得尊重，每一个人都应该享有温暖和关爱。他多年如一日，把员工的冷暖与困难放在心头，员工住院、家中突发事故、子女入学、家属患病等问题他总是主动关心、鼎力相助。一位员工的爱人生病住院，一直不能确诊病因，他得知了情况，立即联系专科专家组织会诊；还有一位员工的父母刚去世，女儿又

常嘉总部大楼外景

在读大三，他了解情况后，立即以个人名义为该员工捐款资助……他关心员工的事迹不计其数，使员工感受到了大家庭的温暖。

2013年，公司一名试用期员工发生交通意外成为植物人，殷云峰在家属求告无门、陷入经济困境的情况下主动伸出援手，解决了绝大部分的急救费用。公司给该员工按时发薪，先后借款10万元支持其进行后续治疗，逢年过节由工会专程前往探望，送上慰问金、慰问品。当年10月，该员工身故，殷云峰体恤家属生活困难，全额免除所借款项。

为帮助更多困难职工家庭，给遭遇不幸的员工提供更完善的物质保障与经济援助，殷云峰发起设立了"常嘉建设员工爱心互助基金"，成立爱心基金管理委员会、爱心基金管理委员会办公室，通过公司投资启动资金和员工内部融资等形式独立建账运营。在殷云峰的理念中，"常嘉幸福树"是常嘉人对企业文化的共同认同和凝聚，"幸福企业"建设需要每一位常嘉人共同努力奋斗，共建共享。

在包容共享的阳光大道上，殷云峰还默默做了很多事，在他的推动下，公司成立"常嘉建设蓝天励志奖（助）学及天宁区慈善基金"；出资 30 万元赞助省运会常州男子足球队；出资 30 万元设立常州市第一中学"常嘉高三教学质量奖"；出资百万元成立常州市青年书法人才培养奖励基金……近年来，公司为各种社会公益事业捐款超1500 万元。

常州以实业立市，离不开新老优秀企业家创新创业、接续奋斗。年轻一代企业家的教育培养不仅是民营企业的"家事"和"私事"，更是关系到地区乃至国家经济社会发展的"大事"和"要事"……一直以来，殷云峰积极带领行业以"制造 +"赋能常州实业升级，同时也非常关心青年企业家的成长，始终在包容共享的阳光大道上为新常商做好榜样引领。2011 年 1 月 18 日，常州市青年企业家联合会成立，殷云峰众望所归，成为青企联的首任会长。他担负起自己的责任，经常召集青年企业家们学文件、议政策、讲传承，与青年企业家一起历练、共同成长。在他的带动下，青企联还募集 568万元成立了"阳光助学基金"。卸任青企联会长后，殷云峰作为天宁区"两个健康"导师团的成员，依旧热心帮助年轻一代企业家接力发展，身体力行、言传身教，用心做好"传帮带"，引导青年企业家们坚守初心、坚持创新，以"专业、专注"推动行业可持续发展。

殷云峰、殷毅父子俩合影

尊重本心，快乐传承

在常嘉集团，殷毅有两个身份：中赛体育董事长、常嘉建设总经理助理。2016年，殷毅从美国密歇根州立大学学成归来后，应聘到一家知名的建筑设计公司工作，开始接触建筑设计事务。殷云峰完全尊重殷毅个人选择。一年后，广信悦动广场启动建设，殷毅选择归队，担任助理施工员。"我参与了悦动大厦建设全过程，作为助理施工员，起早摸黑、没日没夜，对建筑每一个细节都抠得很紧。两年多时间，我体会到了干事业的辛苦，也对这份事业更有信心。"殷毅的工作干得很出色，2019年5月，市住建局组织开展当年第一次建筑市场综合大检查，对全市617项在建工程（建筑面积达3397万平方米）进行全面检查。广信悦动广场项目因施工现场管理规范、严格，体现了较高的质量、安全及文明施工水平，受到通报表扬，并成功举办了全市行业观摩活动。

广信悦动广场建成后，殷毅又做了一个大胆的决定：自行创立一家体育公司。"独立创业的缘起，是因为自己对体育运动的一份热爱。早些年，我'心宽体胖'，BMI 超标，为了健身，练习过跑步、器械，但对关节伤害比较大。最后，综合比较游泳和赛艇运动，我选择了后者。因为喜爱，也将其当作自己的创业项目。"对于殷毅的选择，殷云峰一如既往地给予理解、尊重和支持。作为父亲，他对儿子的期望只有 7 点——"阳光、向善、向上、自律、坚守、脚踏实地、虚怀如谷"。父亲的开明和豁达给了殷毅宽松的环境和自由的空间，也给了殷毅"敢创敢为"的信心和"善作善成"的决心。

中赛体育由此成立。从此，在风光旖旎的横塘河上，开辟了一位创业青年的新赛道。"麻雀虽小，五脏俱全，通过这家公司，我在企业管理上学到很多。"殷毅说，为了做好管理，他广泛对接南京、扬州等地知名企业进行交流学习；为了做好精准营销，他通过"为客户画像"的方式锁定目标客户；为了做响品牌，他强化"新媒体+"宣传模式，通过新媒体叠加活动的方式加大引流力度。疫情三年，虽然遇到种种困难，但中赛体育的知名度和营业收入都逐年增加。特别让殷毅振奋的是，2023 年 5 月，皮划艇比赛首次列入市运会项目，这给中赛体育的发展带来更多的机遇。在集团的支持下，目前，中赛体育以横塘河为出发点，已建成丰北美丽乡村、凤凰新城水上运动中心赛艇基地，形成"一体两翼"的格局，未来三大基地将互为补充，打造常州独具特色的水上运动新磁场。

一代创业人的豁达与二代接力者的阳光交织成一股相互尊重、催人奋进的力量。在自己创业的过程中，即将步入而立之年的殷毅深切体会到父亲工作的不易，逐渐产生了为父亲分担压力的想法。在继续推动中赛业务快速发展的同时，他遵从本心，正式担任常嘉建设总经理助理，将全力推动集团市场部工作。

常州曙光救援联盟水域救援训练基地授牌

"我们家的家风就两个字——孝顺。"殷毅说。"这孩子最大的特点是真、善、美。"殷云峰道。在父子俩的双眸中，对方都是那个最好的他。但传承是一项复杂的系统工程，为了让殷毅更好地担起重任，殷云峰用心良苦地说："常嘉的传承，重在尊重二代，遵从内心，培养兴趣，提倡'快乐传承'。同时，我们也强调传承要有恒心、有毅力，要不浮不躁、守正笃实。"为此，他给殷毅立了五条"工作守约"。

——要永远听党话、跟党走、感党恩。大力弘扬优秀企业家精神，肩负起新时代赋予的重任，争做爱国敬业、守法经营、创业创新、回报社会的传承者。

——要有"进"的魄力和"稳"的定力。干事业不可能一蹴而就、做一锤子买卖，要认准方向坚持下去、强基固本，高度重视现金流管理，始终保障现金流健康，推动企业高质量发展。

——要不忘初心，顺势而为。建筑行业是传统行业，但越传统的行业越有需求，也更有可改变的空间；对此要有信心，更要有持续登攀的勇气和能力。

——要常怀远虑，居安思危。要始终发扬匠心精神，加强精益管理，特别是对于安全生产及产品质量要高度重视，如履薄冰，始终如一。

——要敬畏法律，合规经营。"两个健康"是常态，要筑牢依法合规经营的底线，践行亲清政商关系，争做诚信守法的市场表率，使守法合规成为经营自觉。

对于父亲的期许，殷毅始终阳光以对。他说："我将以努力换能力，以时间换空间，给公司创造更多的价值。"为此，他自觉参加常州市民营企业家队伍建设"百千万工程"百人班学习，从来没有请过一次假。"因为很多老师教过我父亲，理念相承，非常好。"他还关心企业党建、工会工作，热心公益慈善事业，担任江苏省青年企业家联合会常务理事、江苏省宏观经济学会理事、天宁区侨联副会长等职务，与有志青年一起走实当下、共谋未来。

一直以来，民营企业与常州共生共荣、相互成就，贡献了全市66%的GDP、79%的税收、97%的市场主体数量，演绎了"双向奔赴"的无限精彩，是名副其实的主体经济、富民经济、创新经济、活力经济。作为常州民营经济中的优秀代表，常嘉建设在改革开放的大潮中扬帆，在新时代的大道上奋进，在薪火接力、永续经营的时代命题中将会交出怎样的答卷？殷云峰和殷毅父子正以自己的方式为"百年常嘉，嘉树常茂"的美好未来精彩作答。

记者手记

　　骏马奔驰，初心永志。三十余载岁月峥嵘，常嘉建设集团董事长殷云峰始终秉持"用心造好房"的核心价值观，坚持可持续高质量发展路线，实施绿色发展战略，带领常嘉人勇担绿色使命、铸就卓越品质、打造建筑经典，矢志成为"最具价值的建筑业综合服务商"。立足新起点，在薪火传承之路上，殷云峰又以一位父亲的开明与博大，选择尊重、包容得失、以身示范、专业引领，给予殷毅更多"幸福成长"的空间与时间，共同书写常嘉向阳而生、嘉树常茂的传承新篇！

江苏洛凯机电股份有限公司　谈行　谈牧远

"半百"洛凯正青春
行健致远向"双百"

谈行（左一）　谈牧远（左二）

1970 年，我国第一颗人造地球卫星发射成功。同年，武进县洛阳人民公社庄陈大队也放了一颗"卫星"：大队创办的第二家工坊式农机具修配工场，在马达的一声轰鸣中，走上了催生"苏南模式"萌芽的历史舞台。

这家简陋的农机具修配工场就是洛凯股份的前身。当初，心怀朴素理想，希望通过创办工业改善生活的人们没有想到，通过半个世纪的发展，洛凯凭着敢闯敢干、勇于争先进位的精神深耕高低压配电电器关键部附件产品领域，在大浪淘沙的市场洗礼中不但站稳了脚跟，而且当家产品始终保持国内市场占有率第一，为众多国际国内著名电气制造业头部企业提供专业关键部附件配套，并于 2017 年 10 月 17 日成功登陆 A 股，在上海证券交易所挂牌上市（股票代码：603829），一举成为国内配电电器关键部件领域龙头企业、江苏省"专精特新"企业、江苏省"隐形冠军"企业。

天行健，君子以自强不息

20 世纪 60 年代，为了解决人多地少、经济落后的矛盾，武进县洛阳镇村民在常武地区先行一步，在搞好农业生产和发展副业的同时开创了农村创办工业的壮举。1967 年庄陈大队在全公社放了一颗"卫星"，成为全公社"第一个吃螃蟹的人"，首办集体企业——庄陈胶木厂并逐步取得很好经济效益，把工业经济的星星之火引燃到洛阳的田间地头。出于整个公社经济发展一盘棋的考虑，1970 年 8 月 1 日庄陈胶木厂升级成为公社集体企业。

1969 年 3 月 27 日，17 岁的谈行作为"老三届"知青回到祖籍——

庄陈大队插队落户。

1970 年下半年，谈行因工作表现突出且有一定文化，在大队安排下，与另一伙伴负责创建集体第二家工厂——庄陈大队农机具修配工厂即洛凯股份的前身小厂。11 月 20 日，这家寄托着对未来无限希望的小工厂正式成立。

工厂成立之初，除了做一些简单农机具修理外主要从事为城市大工业提供机械零部件加工的业务，谈行被安排负责技术工作。他深知自己的功底就是"白纸"一张，所以一头扎进书籍的海洋，自己规定每天晚上不少于 2 小时的自学。从初高中的数理化到机械设计与制造，再到经营与管理，坚持常年累月的夜间理论学习，白天则投入生产实践。碰到技术难题就利用一切机会请教老师傅、老专家，理论联系实际和不断学以致用，使谈行逐步成长了起来。"这一习惯一直保持了 53 年，我现在每天晚上依然会学习工作两小时左右。"谈行说。

在强烈的发展愿望驱动下，1975 年，工厂上马了国际上刚兴起的"四大少无切削加工"有色金属高压铸造项目并艰难起步。23 岁的谈行被委以重任——担任项目负责人。没有技术"偷"着学，买不起设备自己造，没有模具自己开。经过两年多的努力，铝压铸项目取得了成功，产品投入市场后大受欢迎，企业经济效益明显提升。1976 年，谈行再次被委以重任——担任庄陈农机厂的厂长。

1978 年底，随着知青返城大潮，谈行回到了母校——常州市第二中学，进入校办工厂并担任技术负责人。1980 年到 1983 年谈行全脱产进入中央广播电视大学机械专业学习了 3 年，毕业后回厂并担任技术厂长，同时继续利用业余时间参加"机械工程师进修大学"历时5年的函授，进一步深造学习。由于懂技术、善专研，又有经营管理能力，在校领导和常州柴油机厂的支持下，由谈行带领厂领导班子历时13年，将一间只有几个人的作坊发展成拥有200多名员工、年销售额2000多万元、用户遍布全国的机械式柴油机调速器"大王"。

1991年，时已更名为"武进县洛阳开关厂"的庄陈大队工厂，受多种因素影响，经营上出现滑坡，遇到严重困难。在生死攸关之际，庄陈村委想到"谈行能行"。拗不过村委的再三邀请，谈行在妻子的支持下，决定告别城里相对舒适的生活，再次"脱鞋下乡"，于1992年1月份回到青春开始的地方，与工厂一班人一起攻坚克难、再次创业。

洛凯机电厂区外景

寻求活路的唯一方式就是要敢于破题，推动洛阳开关厂股份制改革是谈行在当时村委领导及企业领导班子支持下下的第一招棋。当时很多人不理解，阻力很大，但谈行坚信只有突破机制体制制约、打破大锅饭，对企业进行脱胎换骨的改造，才有可能焕发生机。通过艰苦工作，1993 年 8 月 10 日企业正式转制为股份合作制企业。转制后的企业村委占股 55%，所有个人股东占股 45%。股改后各方面的生产经营积极性被调动起来，企业明显焕发了新的生命力。1995 年 10 月公司进行了第二次股改，集体股份按公允价格再次转让给企业经营团队，使村集体股份占比下降到 15.5%，个人占比达到了 84.5%，形成了现代股份制公司运营模式的雏形。这次股权调整后，谈行开始担任公司的董事长兼总经理。

　　2000 年 1 月 7 日，企业正式更名为江苏洛凯机电制造有限公司，"洛凯"品牌从此登上历史舞台。2010 年，为了谋求企业上市和更好激励新生代骨干员工，公司又进行了第三次股改。在既保证原有股东权益又确保企业发展活力的原则下，成立了江苏新洛凯机电有限公司。新公司的体制更加具有活力，高管团队骨干员工积极性更高。企业向更现代更开放更透明的方向又迈出了一大步。

心中有梦，手中有剑，脚下方有路

　　在全力推进企业改制的同时，谈行清醒地认识到，企业要在激烈的市场竞争中立足，必须"手中有剑"——开发出有技术含量且市场前景好的产品。然而，仅凭当时企业的资源和实力，根本不具备这样的能力，只有设法积极借助外力。

1992 年，由上海电器科学研究所承担研发的国家"八五"重点攻关项目——智能型低压断路器获得成功，在着手推行产业化时对断路器关键部件生产谋求市场专业化合作。得知这一消息后，谈行敏锐地意识到如果能承接到这一产品，将是企业的一次重大机遇。于是他积极寻找关系主动找到上海电科所，通过多次接洽，终于争取到断路器的操作机构和抽屉架两个关键部件的配套业务。这是谈行下的第二招棋。

　　操作机构是断路器的关键核心机械部件，结构紧凑、构造复杂，精度和可靠性要求很高，是一块难啃的"骨头"。谈行凭借自己多年积累的技术功底带领技术团队不断进行技术攻关，购进先进装备，注重员工培训，完善质管体系。不但做好了产品，更是做成了"精品"，很长一段时间内几乎成为行业内唯一的产品提供商。1998 年我国进入新一轮经济快速发展期，随着电能需求大涨，国家对城乡电网实施大规模改造和升级，智能低压断路器市场呈现大幅增长。洛凯产品因此供不应求，客户遍布全国各地，产销和利润连年翻番。洛凯迎来了第二次大扩张。

　　凭借"洛凯"品牌的知名度，从 2001 年开始，国际电工业几大跨国公司主动寻找洛凯进行断路器关键核心部件的采购合作。谈行敏锐地意识到，跨国公司对供应商在质量体系建设、技术能力、过程控制、精益管理、安全环保、职业健康等方面有着很高的要求，需要通过第三方认证才能成为合格供应商。这正是洛凯借助"外力"，培育国际竞争力的极好机会。为此谈行在公司高层统一思想，将此确定为推进洛凯国际化的重要战略，并在内部层层宣传贯彻实施。

这是谈行下的第三招棋。经过多年锤炼，现在洛凯已经成为 ABB、施耐德、西门子、伊顿、LS 等跨国巨头的战略供应商，保持长期稳定、持续发展的业务关系，产品大量进入美国、德国、意大利、法国、印度、韩国等国外市场，洛凯的国际竞争力得到明显提升。

2010 年 8 月，谈行下了第四招棋，洛凯再一次牵手上海电科院推动新一轮产品创新，引进了最新的用于智能配电网的第四代高性能智能配电电器产品以及数字能源管理系统产品，为公司的跃升再次打下坚实基础。

2015 年 6 月，新洛凯公司完成上市股改并更名为江苏洛凯机电股份有限公司，2017 年 10 月 17 日正式登陆上海证券交易所 A 股主板市场，给艰难走了 7 年的公司上市之路画上了圆满句号，成为武进区第 26 家、洛阳镇第一家 A 股上市企业。洛凯迎来了第三次大扩张，这是谈行下的第五招棋，也是公司发展史中最重要的里程碑式事件之一。

上市后谈行在布一盘更大的棋局：洛凯将以上市为新起点，毫不动摇坚守主业和高端制造业，紧紧围绕新型智能电力装备这根主线实施更深层次的战略转型、提能升级和高质量发展。

上市 5 年多来，洛凯持续不断加大技术创新和新品研发投入，引入更多各领域高层次人才，探索更新经营合作机制和模式，不断向下游延伸和向价值链高端攀登。主营业务和主要产品逐步实现了"四大转型发展"：一是从低压向中高压领域发展；二是从部附件向功能性大部件发展；三是从元件向成套发展；四是从成套向系统发展。随着国家能源转型和"双碳"战略的实施，新能源产业蓬勃发展。基于新能源接入的新型电力系统大大推动了新型智能电力装备的快速发展，作为其中最典型、应用最广泛、具有"源网荷储充"特征的分布式智能微电网必将迎来快速发展且未来市场巨大。洛凯多年来研发、储备的满足上述使用场景的各条产品线的新产品和洛凯独有的ROLINK POWER数字能源管理系统开始逐步被市场接受，表现出了明显的市场竞争优势。在国际国内经济大形势比较严峻情况下，洛凯始终保持了快速的增长。从上市的2017年4.8亿元年销售额到2023年计划完成20亿元年销售额，5年多中保持了平均近30%的年复合增长率。预计未来洛凯将继续保持这种较快增长态势。究其原因，谈行说："其中围绕主线对新业务新产品的前瞻性布局和研发起了重要作用。在保持传统低压业务基础上，上市后洛凯重点发力中高压板块业务和新品，由关键部附件向模块化、功能型大部件转型，打开了发展新空间；利用洛凯技术能力强和产业链长的特点，在新能源和智能微电网方面布局发展以成套及系统产品为基础的新型智能电力装备，当市场机遇来临时，水到渠成地推动了企业的快速成长。"

发展之道，就是传承之要

谈行说："洛凯53年的发展之道，最重要的就是依靠技术、依靠创新，依靠人才、依靠诚信、依靠战略、依靠精益化管理。技术创新是王道，培育人才成大道，诚信经营走正道。今天，讲传承，我们要传给下一代的就是我们的发展之道，这是我们的传承之要。"

技术创新是王道。谈行认为，所谓企业转型升级，核心就是要

洛凯机电生产车间

提高能级、提高核心竞争能力。作为制造型企业,技术是生存的基础,创新是发展的源泉。50多年来洛凯始终坚持"科技为先"的经营理念走到今天,多次在历史关键时期依靠技术和产品创新使洛凯渡过难关并发展壮大。

在谈行的领导下,洛凯股份已经建成以洛凯研究院、工程技术中心、内部认证中心为"技术三核"的技术创新体系。简单地说就是洛凯研究院负责产品的研发设计,工程技术中心负责产品制造技术,内部认证中心负责产品检试技术。研发设计、产品制造、产品检试、提高效率、保证质量都要依靠技术,实施智改数转、保障安全生产也要依靠技术。通过"技术三核"的驱动,打造技术领先保障系统,确保技术创新始终强劲,保证产品质量稳定优质。在这一有效的机制加持下,洛凯的创新步伐始终稳健且不断加快,持续助推企业在各时期的转型升级。

较强的技术体系和技术能力还吸引了很多合作者。许多合作伙伴通过与洛凯合资的方式对他们带入的新品进行研发、生产和销售合作，从而帮助洛凯做大经营规模、扩大品牌影响力。

现在，洛凯正紧紧围绕新能源和智能微电网发展的历史性机遇，继续加大投入，确保技术创新和核心竞争能力的领先地位，推动洛凯新的扩张发展，努力实现到"十四五"期末年销售额30亿元、"十五五"期末年销售额60亿元，成为国内处前位、国际有影响的新型智能电力装备制造商的愿景。

培育人才成大道。对于"学习"二字，谈行深有感慨："就像一块海绵扔在水里，学习对我的影响太大了！"不妨看一看他的学习履历：29岁，在常州电大脱产学习3年，在机械和电子专业知识方面打好基础；32岁，又在国家机电部创办的"工程师进修大学"函授学习5年，进一步夯实技术专业能力；52岁，攻读南京大学EMBA，丰富了经营管理知识并扩展了管理眼界。

因为本身的学习经历，谈行对企业人才的培养几乎有一种执念。他说："企业任何时候都要坚持'始于教育、终于教育'，鼓励员工努力学习岗位成才，要让企业成为学习型组织，这样的企业才能发展、有未来。企业由几十、上百甚至上千个各类岗位组成，这些岗位的能力综合起来形成了企业的能力。从这个意义上讲，企业人人都是才，关键要形成与岗位匹配的人才机制，要建设好人才梯队。"

谈行一直主张人才既要引进又要培养。在他的倡导和参与下，洛凯形成了完整的人才培养机制。

对内，公司创办了"洛凯学院"，实施长期和系统的员工教育活动。配置有固定的教室和专门的实训用各类机床设备、教具设施、实习车间等，配有专兼职内部教师和实训技师队伍。通过理论授课与实操传授的"师徒结对""传帮带"以及"五位一体"等方式推进系统性人才教育培养，造就了一线优秀的产业工人、后方高技能的技术工人、理论加实干的工程师、专业加敬业的管理精英、有计划培养的后备干部团队，同时给予各类人才更好的施展平台，加快员工成才步伐。

对外，除通过与各职业学校联合开办"洛凯班"等"订单式"培养各方面的专业人才，洛凯还有计划、系统地选送员工外出培训，积极开展校招，形成独特的"管培生"培养模式。另外，一直以来洛凯还通过引进技术、管理、营销等各类高层次人才，提高和强化企业的技术、管理、营销能力和水平，为企业战略发展和不断转型升级提供强有力的人才支撑。

诚信经营走正道。谈行说："企业经营要可持续发展，坚持诚信是法宝。在诚信经营中，作为企业的一把手，自身人品是关键，这对推动企业经营的成功至关重要。'公司公司'，什么是'公'？两人为'公'。唯有一把手不唯私利、一心为公，做到诚实、公平、善良、宽容、大度，在诱惑面前不为所动，善待所有的利益相关者，带领的团队和员工才能齐心协力开大船，才能把企业发展好、走得更远。"多年来，他是这样说的，也是这样做的。在他的领导下，守诚立信成了洛凯的经营守则，也成为企业的金质名片，长期以来在行业、社会、政府、顾客、供应商和员工中获得良好口碑。在良好的声誉加持下，洛凯与包括上海电气、常熟开关、良信电器、正泰电气、南瑞继保、西电电气、美国通用电气（GE）、法国施耐德电气、德国西门子电气、瑞士 ABB 电气等在内的国内外知名头部企业建立起长久而良好的关系，并得到美国、法国、荷兰、印度、意大利、韩国等国外市场的青睐。

还有一大批供应商伙伴长期与洛凯精诚合作、休戚与共、不离不弃、风雨同舟，在帮助洛凯成长壮大中也成就了自己。与洛凯合资的尤其是在上市以后快速发展起来的合资企业，绝大部分由合作方负责经营。由于洛凯一贯的诚信宽容、公平公开、互相信任又不失规范管理，加上在洛凯平台上双方的共同努力和正确经营，基本上都做到了合作愉快、双赢发展、快速成长，为洛凯发展贡献力量，为"洛凯"品牌添砖加瓦。

"坚守实体经济、坚持实干兴业"是最好的传承

2023 年 7 月 5 日至 7 日，习近平总书记在江苏考察时强调，要把坚守实体经济、构建现代化产业体系作为强省之要，巩固传统产业领先地位，加快打造具有国际竞争力的战略性新兴产业集群，推动数字经济与先进制造业、现代服务业深度融合，全面提升产业基础高级化和产业链现代化水平，加快构建以先进制造业为骨干的现代化产业体系。这让一直立志坚持实体经济和高端制造的洛凯高管团队备受鼓舞。

谈行说："企业的发展与国家的发展息息相关。坚守实体经济、坚持实干兴邦就是最好的传承。在新一轮发展中，我们已将'全球

高低压电器关键部附件及新型智能电力装备行业领导者'和'双百两翼'确立为未来愿景。'双百',即企业过百年、营收过百亿;'两翼',即坚持制造业的一'翼'并充分利用好资本市场的另一'翼','两翼'共同助力洛凯腾飞。""我们将牢记总书记嘱托,通过不断创新转型提能升级,瞄准国际一流制造企业,力争在全球化竞争中赢得一席之地,为我国加快构建以先进制造业为骨干的现代化产业体系作出洛凯贡献!"

在"双百""两翼"发展愿景下,传承工作到底怎么做?谈行也有独到的见解。他认为:"洛凯作为上市公司是公众企业,其治理模式和战略选择应对企业的长远发展、对投资者、对股民、对社会负责。所以洛凯的传承不是简单的个人传承,而是团队的传承;不是人际的传承,而是系统的传承。""洛凯 53 年的发展,关键在于战略的把握。一把手要有眼光、有格局,要站得高、看得远,企业才能有未来。要重视战略制定和战略实施,不断研究未来,坚持做正确的事,敢于为未来投资。决不做急功近利的事情,决不只为赚钱去决策。要沉下心来打造核心能力,厚积薄发追求可持续发展。这是我们在传承工作中始终关注的大事。"

对于父亲对传承的解读,现任洛凯行政中心总经理兼新能源事业部总经理谈牧远深有共鸣:"父亲是有使命感、有责任心、有善良心、有感恩心的人。这么多年,他心中始终装着公司、装着大局、装着大家。他一直强调,'办企业要有奉献精神,要肯舍得,企业家要追求做正确的事'。他所指的正确,就是有责任、有担当、有智慧、有谋略,能带领企业打造核心竞争力并长期良性健康发展,对社会对国家作贡献。作为年轻一代，我们唯有脚踏实地，认真做人、认真学习、认真做事，接过重任承上启下，传承好企业并坚定围绕洛凯发展战略努力实现'双百两翼'愿景。让洛凯在做强中国实体经济中发挥更大作用、作出更大贡献，才能对得住老一代50多年的心血和坚守，不辜负时代赋予洛凯的新使命。"

乘风好去，长空万里，直下看山河。相信在新一轮高质量发展中团结奋进、薪火传递的洛凯人将心怀"国之大者"和满腔豪情振起"双翼"，在时代的风口中扶摇而上，书写更精彩的"双百"传奇。

记者手记

江苏洛凯机电股份有限公司创立至今已有五十余年，如今，已届"半百"的洛凯却精神焕发、青春正好，在转型新型智能电力装备的征途上再出发。新征程上，洛凯的领头羊谈行正带领一群年轻人，在传承发展之路上锚定"全球高低压电器关键部附件及新型智能电力装备行业领导者"的企业愿景，振动制造和资本的"双翼"，向着百年企业、百亿营收的"双百"宏图扬帆起新航，唱响"行者无疆、行健致远"的时代高歌！

新创碳谷集团有限公司　谈昆仑　谈源

敢创业　善授业　三代同向成大业

谈良春

240

壬寅年末，胡润研究院发布 2022 年胡润中国新能源产业集聚度城市榜，50 座上榜城市中，常州列全国第五，前四位分别是深圳、上海、北京、武汉。打造新能源之都，常州可谓虎年虎虎生气、乘势当仁不让！

春光不负早行人。常州十年磨一剑，通过持续创新在新能源领域形成"发电、存储、输送、应用"产业闭环，创造了国内绝无仅有的奇迹。位于常州滨江经济开发区的新创碳谷集团有限公司在改革开放的春潮中扬帆起航、在中流激荡里砥砺前行，通过谈良春、谈昆仑、谈源祖孙三代接力前行、持续努力，终于凭借 39 年的复合材料装备制造经验、25 年的轻量化复合材料市场技术，形成了以高性能纤维复合材料为基础，复材设计、复材生产、智能装备、检测测试一体的全产业链业务体系。如今的新创碳谷已经成为全球最大的民用大丝束碳纤维及复合材料生产基地，产品广泛应用于风电、轨道交通、汽车、航空航天等行业领域，既为全球碳纤维及复合材料应用市场提供低成本、工业化解决方案，也为常州"新能源之都"奉献了积极力量。

勇赶春潮的"创一代"

1984 年 5 月 1 日，《人民日报》为庆祝国际劳动节发表社论，题目是《工人阶级要站在改革的前列》。社论说："在农村改革的推动下，城市的改革出现了好势头。今天，改革已经是势在必行、势必早行。每一个职工同志都要自觉地、积极地投身到改革中去。要开创新局面，建设有中国特色的社会主义，非走改革之路不可。"

这一年，已至不惑之年的谈良春看准时势，带了两个人，以3000元起家，开始了艰苦的创业。起初，他们一直跟着别人干，什么都尝试，没有自己的产品、没有发展方向，更谈不上品牌。经过细心观察和深思熟虑，谈良春深深感到：企业没有自己的拳头产品就无从发展，长期下去没有任何前途。要想成功，必须拥有自己的技术！一个蚊帐布料的订单成为新起点，促成了企业的第一次转型。1986年，谈良春成立了常州市第八纺织机械厂，开始了漫长的探索之路，在公司成立后的几年时间里，由于人员少、资金缺乏，公司发展比较缓慢。在地方有关部门的帮助下，企业迎来了新气象。1996年，凭借积攒下的资金和多年的工作经验，公司经过改制，进入了快速发展期。1999年，谈良春创办了宏发土工复合材料工程有限公司，企业由此进入多元化发展时期。2007年，良春集团正式成立。

　　"别人没有的我要有，世界先进的我要做。""科技竞争归根到底是人才的竞争。""企业没有自己的拳头产品就没有竞争力，赢得市场的关键是创新和超越。"一路走来，谈良春凭着"惜人才""重创新"，在技术跃升、产品研发上不断推陈出新，市场拓展力度越来越大，为集团的发展再次注入极大活力，逐步成为国产复合材料方面的龙头企业。良春集团的发展壮大被认为是改革开放大潮中民营企业崛起的典型，谈良春被誉为新苏商的代表之一。

　　2008年，金融危机席卷了全球，一向竞争激烈的纺织业也受到了很大影响。在金融海啸的冲击下，良春集团旗下的主力企业——常州市第八纺织机械有限公司同样陷入了困境，产品销量下滑，全年利润只有1200多万元，仅为上年的一半。集团旗下的另一体育用品公司由于原料和销售两头在外，出现了巨额亏损，如不及时调整，后果将不堪设想。

在困难面前，谈良春没有惊慌失措，当机立断，忍痛关停了已形成巨大亏损的体育用品公司。同时根据市场需要，加大了产品结构的调整力度，带领企业全力以赴开发市场急需的科技新产品，向高附加值、高利润产品要效益，以产业用纺织品为中心，以复合材料开发为重点，先后研发生产了多轴向经编机、用于风力发电的2兆瓦及以上风电叶片用经编增强材料和应用于航天航空领域的军用产品——碳纤维多轴向织物等专利产品。其中，多项产品达到了国际先进水平，加快了产业升级的步伐，形成了新的经济增长点，扭转了困难局面，推动了企业的跨越式发展。

新创碳谷厂区外景

谈良春干企业很有眼光，培养子女也颇有心得。熟悉他的人都知道，他对子女很严，但严而有格、严而有度、严而有爱、严而有效。他的育人理念是"不以规矩，不成方圆"，"响鼓就要重锤敲"。儿子谈昆仑高中毕业后就进厂务工，并被告知"三不"：不坐办公室，不干轻松活，不享高待遇。蹲在车间拜师当学徒，学习车钳刨铣、风电焊接等基本手艺，在生产实践中历练聪明才智，在与普通工人共同劳动中学会做人做事。谈良春说，概括自己育人之道，主要抓住三个"子"：

一是降调子。谈良春出生贫苦，当他看到社会上部分"富二代"躺在父辈的功劳本上，娇气、傲气、霸气，自恃特殊、自甘堕落，最后人散业歇，深受震撼。为了防患于未然，他采取降调子的做法，及时打消子女"我爸是老板"的傲气，树立"我是普通一兵"的正气，要求子女首先做普通工人，做德才兼备的优秀工人，然后做企业的接班人。

二是压担子。谈良春根据孩子的实际能力不失时机地压担子。首先交给一项具体工作，要求独立完成，培养其自立能力；再交给一项系统复杂的工作，要求独立完成，培养其专业能力；然后交给一个规模较小的企业，要求整体管理，培养其独立全面掌控企业的综合能力。这样从轻到重地压担子、分步走，为二代全面管理集团公司积累经验、奠定基础。

三是换位子。谈良春认为，企业的代际传承是企业可持续发展过程中极为重要的一环，在企业交接班上，他想得通、看得远，逐步把"位子"传承给下一代，适时地实行无缝对接、顺利交接，成就"父辈善授业，儿女当自强"的美谈。

奋发有为的"创二代"

1984年，是谈良春创业的元年，也是谈昆仑工作的第一年。高中毕业后，他即进入父亲的企业当了徒工，这一做就是6年，在学懂了车间所有纺织机械原理后，先后任基层班组长、车间主任、销售科长、副厂长、副总经理，2006年7月，任常州市宏发纵横新材料科技股份有限公司总经理。

谈昆仑理解父亲的苦心，他始终没有任何特殊，刻苦钻研、虚心学习，利用一切机会把从专家、师长和同行们那里学来的知识、技能与实践紧密结合。可以说，他是从一线、从摸爬滚打中成长起来的"奋二代"。

"企业掌门人不能只盯着眼前的生产、销售，目光必须长远，尤其要做到'三多'，即多听、多看、多想。"谈昆仑说，1996年，他任第八纺机公司销售科科长，一次去浙江出差，听说当地灯箱广告用的纺布销路非常好，而且价格比普通纺布翻了好几番，这让他很好奇，也给了他极大启发：原来除了棉纱，其他材料也能"织成布"。但这个市场到底有多大？几经打听，谈昆仑了解到法国巴黎举办复合材料展，当即决定"西游取经"。"正是这一看，把我带进了新材料这一全新领域。"

当时在国外，各种新材料的应用也刚起步，各国厂家纷纷将新材料做成的产品带进了展会。从民用的头盔、冲浪板到工业用土工格栅、风电叶片，让走出国门的谈昆仑大开眼界。"回来后，我就

谈昆伦（左一）谈源（左二）

向父亲极力推荐，成立了宏发纵横，专门研发、生产各种新材料。"

眼光独到、善于学习、敢为人先的谈昆伦为企业的发展带来新的发展动能。1997年，他作为第一完成人的GE202型全自动控制高速整经机荣获国家级重点新产品、省高新技术产品证书，并获省科技进步二等奖，填补了国内空白。

2007年底，纺织行业一片低迷，谈昆伦果断对第八纺机公司的产品结构进行了调整，由民用纺机变为新材料生产设备，主要为宏发纵横提供生产设备。这一调整产生两大好处：以前宏发纵横的关键设备大都由国外引进，由第八纺机提供后，可以降低生产成本，更能增强技术研发力量，尽快掌握核心技术；对第八纺机而言，新材料前景广阔，拥有设备生产技术后能让企业彻底转危为机。

2009年，宏发纵横荣获国家级改革开放30年推动纺织产业升级重大技术进步奖，谈昆仑个人荣获中国经编技术创新奖、2008—2009 年度中国产业用纺织品行业贡献奖、江苏省科技进步二等奖、第七届江苏省纺织青年科技奖、常州市科技进步二等奖。此后 10 多年，宏发纵横一路奋发，技术、产品不断升级迭代，生产规模、市场占有率不断扩大攀升。

2021 年 10 月，在谈昆仑带领下，公司规划投资 50 亿元，在常州高新区启动全国规模最大的高性能碳纤维复合材料生产基地建设，项目达产后将实现低成本碳纤维复合材料产业链向两端延伸，形成年产值超百亿元的碳纤维复合材料产业园，带动上下游产业形成超千亿元的碳材料产业集群。

2022 年 8 月 28 日上午，常州国家高新区高质量发展大会隆重举行。大会上，谈昆仑荣获"常州国家高新区 30 周年突出贡献奖"。他"此身已许家国"的奉献担当、"千锤万锤成一器"的奋斗精神以及"干一行钻一行"的精益追求为产业和地方经济的发展作出贡献，也为本地企业的共同进步做好了表率。

谈昆仑说，自己的成长得益于党的好政策、发展的好环境，也得益于企业的三个"重视"。

一是企业始终重视接班人的培养。身为父亲和企业创一代，谈良春较早地将企业传承问题提上议程，给谈昆仑铺设了良好的轨道，让他进行较长时间的锻炼。这样不仅让谈昆仑有非常切身和深刻的认识，而且能在实践中将自己融入企业，从根本上熟练把握和掌控企业。培养有了效果，谈良春坚持大胆、彻底地放权，但为了企业的平稳过渡和良性发展，他没有突然放手，而是选择在处理一些问题的时候从旁指点，做好带、帮、看，这样的帮扶也是培养接班人的重要手段。

二是重视交接班中的"二次创业"。谈昆仑有自己主管的企业，这样的二次创业首先可以让接班人摆脱一些旧惯例的束缚，在实战中培养创新、创业精神。其次，更容易建立自己的管理团队，成为最终的"发号施令"者，成绩更容易被看作自己努力的结果，因而也更容易得到大家的认可，树立权威。此外，谈昆仑从自己擅长的技术创新做起，更容易上手和取得成绩。

三是重视两代人的互信协作。老一代的经验与稳健、年轻一代的知识和进取都是企业持续健康成长的重要元素，两者的协作互补至关重要。谈氏父子间也会有理念上的冲突，沟通无疑是重要的。有了问题，父子俩一定会坐下来，清清楚楚地向对方说明自己需要的是什么，做到相互信任和支持。

因此，谈良春以对事业高度负责的态度来对待企业交接班问题，谈昆仑以高度的使命感逐步接手父亲的工作，延续这项事业，延续企业的生命和活力，完成了企业大步向前的新跃升。

敢于逐梦的"奋三代"

谈源是家族第三代，也是奋发有为的年轻一代。1989年出生的他刚过而立之年，却已是企业的资深一员。

谈源从小就看到爷爷奶奶和父母创业的辛苦，他坦诚、直率、独立，不想躺在父母的财富堆上"啃"，也不愿躲在父辈的光环之下"混"。他的目标是靠自己奋斗实现自己的梦想，做"奋三代"。

因此，他在加拿大圣力嘉学院深造后，没有像同龄人一样贪恋国外的舒适，毅然回国创业。循着祖辈、父辈的脚步，他从基层干起，一步一个脚印成长为公司总经理。

创业过程充满挑战，经过对先进复合材料行业市场的认真考察和了解、调研，他决心利用企业在复合材料行业多年积累的资源优势，抢占代表行业发展方向的热塑性复合材料领域的制高点，开辟新天地。在父辈的支持下，2013年谈源成立专业团队，专业研发、生产高性能环保绿色型连续纤维增强热塑性复合材料，公司从国外进口了先进的连续热塑性复合材料复合层压机，自主开发了国内先进的连续增强热塑复合核心技术，根据不同客户的需求提供整体的应用解决方案，从而实现客户利益的最大化，以创造更高的经济效益和社会效益。

在父辈们的激励、引领下，谈源凭借自身的勤奋、好学、开拓、创新，收获颇丰。他先后成功开发连续纤维增强热塑复合材料等3个新产品。其中，连续纤维增强热塑板、连续纤维增强蜂窝板被评为江苏省高新技术产品。在产品开发过程中，公司累计形成授权专利51项，其中发明专利5项。这些产品广泛应用于厢式货车、大巴车、客车、房车、轨道交通、集装箱等交通运输车辆及物流工具的结构件、地板、顶板、侧板等领域。例如热塑板材，这一产品本来是国家急待开发的绿色材料，用玻纤、碳纤制成，可以替代钢材和其他材料，已经成为国家科技部科技支撑项目，这是国家科技系统中很高的荣誉。谈良春看到后辈们的科研成果，欣喜地说："热塑板材和多轴向碳纤维织物经编产品是国内第一、国际领先的产品，在我们企业

新创碳谷厂房外景图

研制成功并批量生产,未来大有可期。"

　　尤其难得的是,与祖辈、父辈成长环境截然不同的谈源同样有一种勇担责任、敢于吃苦的精神。2022 年上半年,疫情反复,为全力以赴保通畅,由谈源挂帅,新创碳谷抽调 80 多名职工组成专项小组,在抓好疫情防控的同时,与各大船运公司、集卡、散货车队、港口堆场等保持高度同步协助,保证企业所需原材料及时到货。这些日子谈源经受住了考验,所有出口货物实现 100% 准时进港上船,受到海外客户的赞誉。

　　"我的肩膀上担着一副担子,一边是责任,一边是义务。"谈源说,自己作为家族的第三代,将义无反顾地担好这幅担子,用先进技术和创新理念为企业创新发展注入新的动力。

从白手起家到创新、升级，再到坚守、接力，谈氏祖孙三代用共同的追求在时代洪流中激荡奋进的浪花，成就"敢创业、善授业，三代同向成大业"的传承佳话。

记者手记

　　张衡有言："人生在勤，不索何获？"诚然，欲见繁花满路，首当勇于探路，不能望而却步。历史告诉我们，无论是古之立大事者，还是今之成大业者，皆离不开奋斗精神。奋斗精神成为谈良春、谈昆仑、谈源三代人"秉志而行"的"光明之炬"，让"正直、创新、担当、共享"的企业核心价值观，"简单、坚持、有效"的企业管理理念和"健康、生态、可持续"的企业发展理念，如火升腾、照见未来。

传承与迭代　一对翁婿的成功接力

梅祖南（左一）　顾斌杰（左二）

创建于 1993 年的常州市蓝托金属制品有限公司，是一家集研发、生产和销售于一体的各种精加工机械零件、汽车零部件、航空机械零部件的专业制造型企业。在梅祖南、顾斌杰两代企业家的持续接力下，蓝托金属秉持"专注、专心、专业"的匠心精神，以技术创新为驱动，以人才强企为依托，心无旁骛谋发展，做精做强创一流。多年来，蓝托金属深耕航空零部件智造领域，积极拓展关键汽车零部件产业链。不仅参与国产 C919 飞机的开发，成为波音、空客等公司的零部件供应商，还在关键汽车零部件上，与特斯拉、通用、德国舍弗勒、麦格纳、大陆集团、德国西门子、德国马勒公司等九大世界品牌成为合作伙伴。目前，蓝托拥有省高新技术产品 8 个、发明专利 4 项和实用新型专利 73 项，凭借不俗的业绩和实力，先后荣获江苏省民营科技企业、常州市五一劳动奖状、武进区重点工业企业，成功迈入常州市第二批国家"专精特新"小巨人行列。

青云托蓝天，莲子含苦心

1992 年，邓小平同志视察南方，改革的春风再次吹响了进一步深化的号角，地处武进东南洛阳镇马安村村民梅祖南也为之兴奋，小时候饭也吃不饱的他萌生了开个小厂改变自己命运的想法。但是做什么呢？平时喜欢对自行车修修补补，对机械零部件情有独钟的他在马安村租了 7.6 亩土地，1993 年 10 月，武进市洛阳自行车零件厂正式成立。成立之初，公司以生产自行车零件为主，主要配套于国内的"永久""金狮""凤凰"等自行车生产商。然而，生意好做钱难收。当时国内市场经济秩序还不够规范，三角债往往把企业经营者搞得焦头烂额，于是梅祖南把目光瞄准海外市场，寻求海外订单。从 1997 年开始，公司逐步为全球最大的自行车生产商"捷安特"及日本的"园田""祭本""合宴"等一系列知名品牌配套。在初尝和国际知名企业合作的甜头后，梅祖南进一步把眼光朝向海外。2000 年后又陆续成为 Ingersoll-Rand（美国英格索兰）、A.O.Smith（美国艾欧史密斯）、HITACHI（日本日立）、SACHS（德国萨克斯）、BERGSTROM（美国博格思众）等国际大公司的配套企业。Ingersoll-Rand（英格索兰）公司美国总部负责人曾来公司进行考核，经过一系列的测试和验证，证明梅祖南的公司符合优质供应商的标准，并将其正式列入优质供应商的名单，发布给全球各个分公司。自此，公司与英格索兰公司成为了亲密而稳固的合作伙伴。2003 年，公司改名为蓝托金属制品有限公司。青云托蓝天，莲子含苦心，经

蓝托金属厂区内景

过短暂的痛苦和彷徨之后，梅祖南进一步拓展国际市场。2007年，波音公司在中国寻找飞机零部件供应商，蓝托公司进入他们的视线。经现场考察后，波音公司让蓝托公司试着研发和生产飞机吸氧系统零部件。零件虽然不大，但技术要求特别高，即使在美国，成品合格率也只有70%。令波音公司吃惊的是，两个月后，蓝托公司就拿出了小样，成品合格率超过90%。这次"考试"让蓝托赢得了客户的首肯，同时获得一张进入世界大公司采购体系的珍贵门票。几年合作下来，蓝托公司成为波音公司少有的几家金牌供应商之一。2012年上半年，已接到该公司2000多万美元订单，公司自此站稳了脚跟。

"我是一直跟世界500强公司打交道。紧盯世界冠军，你才能破亚洲纪录。"抱着这样的想法，梅祖南认为，当时公司要是学美国、德国，往往学不来，不如瞄准近邻日本，学日本人工作中"认真"两字。于是他派公司的技术骨干、管理人员去日本学，同时去日资企业唐山爱信齿轮有限公司，看日本人怎样把技术做到极致。在此基础上，蓝托公司不断加大技术攻关，又向高档汽车零配件迈进。与奔驰、大众等公司经过3年时间研发的新产品已开始小批量生产，2013年新增1.9亿元销售。由此，公司全年销售额增长50%。"企业转型升级是个长期的过程。我们的专业就是加工精密零部件，今后，就在这个领域不断提升、做到极致。"梅祖南说。

品质彰显匠心，要想赢得海内外客户的信赖，高标准、严要求是基本盘。走进常州市蓝托金属制品有限公司生产车间，在一台高精度数控中心设备前，一整块10多公斤的铝锭经过精密切割加工，

90%的铝材被掏空，波音飞机坐椅支架一次性加工成型，重量仅为0.8公斤，切割的精度、速度缺一不可。为提升生产效率，车间引进的全自动机器设备可以平均使一个工人操作8台机器，每天可生产这类坐椅支架100个左右。

"最轻的重量、最好的材料、最优的品质，是我们赢得美国波音、欧洲空客等世界大飞机生产厂家认可的主要原因。"梅祖南说，车间正在生产的零部件都是今年接到的订单。不久之后，它们将被运往世界各地，安装到各大品牌的飞机上，还有的零部件将在奔驰、大众等汽车上发挥作用。

近年来，蓝托金属每年都保持3000万元以上的投入，借鉴国际领先技术，大胆进行产业结构调整，引领高品质、高性能精密金属产品的专业化生产，不断赢得新发展机遇。2020年，公司被工业和信息化部评为专精特新"小巨人"企业；2021年，公司获得"高新技术企业""江苏省民营科技企业"等荣誉。

从一家自行车零部件厂起家，到给世界500强做配套，蓝托公司走了30年。三十而立，用梅祖南的话来说："我们才刚刚进门，只有进了门，你才有了唱歌跳舞的舞台。"

芭蕉抽臂无人见，暗替干花展绿荫

梅祖南出生于1951年，历经"大跃进""人民公社""文化大革命"等各种运动。那时候吃不饱饭，幸亏碰到改革开放，自己开厂，经济上才有转机。从小的艰苦培养了梅祖南朴实、认真的工作性格。他每天工作很久，从没有节假日休息。他不打牌，没有任何业余娱

乐。饮食很简单，早餐玉米糊、鸡蛋、馒头，晚餐也是玉米糊、馒头。身教胜过言传，梅祖南的家庭非常和睦，儿子有时回去帮他

蓝托金属生产车间内景

按摩、敲背，女儿女婿十分孝顺，每周日都要和梅祖南聚会，其乐融融。现在他拥有两个孙子、两个外孙，梅祖南给孙辈立下规矩，学习之余，勤做家务，烧饭、做菜、搞卫生，自己的房间自己整理，然后给孙辈积分，满 20 分，可以来老人那里过周末。孩子为了这积分，争先恐后地做家务。"正家而天下定矣"，良好的家风奠定了梅祖南事业传承的基础。

因为工作关系，梅祖南经常和日本人打交道，他发现日本是百年企业数量最多的国家。数据显示，日本超过百年历史的企业达 25321 家，位列全球第一。美国以 1173 家百年企业位列第二，其次是德国 837 家、荷兰 222 家、法国 196 家。而中国的百年企业数量屈指可数。日本为何百年企业这么多？很重要的一个方面就是在文化方面，"家训"为日本企业的传承起到了重要的作用。比如日本著名的三井财团，创始人在 300 多年前写下了《三井氏家规》，传授给后人做人做事的原则，再经过后世的努力，最后写成了一部现代化的家规《三井家宪》。这些家规在三井家族代代相传，激励着

每一代三井人艰苦创业，每个家族成员都在遵循此法则。这也许正是三井系历时三百年而不衰的力量源泉。三井家族的家训从最朴素的继承者总结慢慢发展为现代化企业的家族文化之魂。

家风、家训、家规，是一个百年企业延续下去的精神之源。

在二代接班的过程中，一代对二代的理解和信任最为关键。此外，家庭其他成员之间关系的融洽程度，以及二代接班的共识程度，也有助于二代放下顾虑，增强成就动机和情绪能量，大胆实践自身的想法，提高二代对于家族企业的心理承诺。

同时制度设计也很重要。讲起培养孩子接班的过程，梅祖南认为严格控制钱很重要。"即便是家族成员，也是每人一份工资，从不多拿。""儿子大学毕业，出去打工3年，回来跟了我3年，后来自己去开公司，我把应收货款全部给他，让他有足够的流动资金，但是不允许他去做担保业务。我女儿、女婿在武进高新区成立新公

质检员质量巡检

司开展半导体封装业务，问我借钱，也是写好借条，什么时候还都清清楚楚。经济上的独立核算对他们的成长至关重要。"梅祖南认为要分清究竟是财为人所用，还是人被财所累。"我是吃过苦的人，因此分外珍惜现在的社会。"在"交班"之余，设置合理的接班制度，对有效保障公司决策合理、家族财富安全至关重要。

翁婿挽手又重阳，桂叶繁茂伴花香

大学毕业后的顾斌杰 2002 年进入蓝托公司，就在车间从基层做起，一干就是 5 年，从普通工人成长为技术骨干、管理人员。现在负责蓝托公司的技术、生产和运营。他感慨到，面对梅总，他有三个称谓，在厂里管梅总叫师傅、老板，在家里叫丈人。三个称谓折射出一个二代接班人面对一代创业者的尊重和敬仰。

面对长辈，不同的人有不同的心态。比如，有人会低估长辈，认为上一代的企业做得太土、太低端、太单调，没有抓住互联网时代的大好机会；同时高估自己，觉得自己受过良好的教育，一定能比上一代做得更好。顾斌杰却没有这种想法，他对记者说："我进厂，首先学师傅勤奋，他往往是最早来上班、最迟回去，我 10 点下班，师傅往往 11 点还没回去。其次，我学师傅的谦虚、低调。师傅一再告诫我，有时候表扬较多也不好，一不当心会头脑发热，制造业是最苦的行业之一，我们要有如履薄冰的心态。"能够遵循一代的教诲、看到自己的不足，这就是二代进步的开始。由此我们可以联想到，在《周易》六十四卦中，"山天大畜"是我们特别推崇的一卦。它意味着积蓄能量，意味着厚积薄发。然而，这一卦的九二爻仍是凶险的，如果车轮脱落，将导致人仰马翻、车毁人亡。

勤奋、低调、谦虚，是做人的原则，也是二代接班的基本要素。越是心浮气躁之时，越是要踏踏实实地趴下去，去干别人不肯干的苦活和累活，因为道不在高处，而在低处。2019 年顾斌杰开始独当一面，在武进高新区成立了江苏圣创半导体有限公司，同时协助老丈人在金坛成立的江苏顺丰铝业有限公司开展工作，围绕公司发展战略，加强在产业链上强链、补链。顾斌杰认为，随着经济的发展，当今社会已不是企业初创时的环境，企业今天的发展可能性更加丰富，也更具有挑战性。对上一代的事业，我们绝不是简单的传承或追随，而是把握时机实现弯道超车。超越一代的事业是我们二代的使命和担当。因为时代在变化，客户的需求在变化，社会在进步，一定会有新的机会源源不断地涌现。蓝托在这个二代手上开始另辟赛道、再启新航。

古往今来，翁婿和睦相处，亦师亦友，传承有序，时有佳话。陈嘉庚与李光前、蒋百里与钱学森、王吉新与刘国梁，翁婿情浓胜父子传为美谈。现在通过梅祖南和顾斌杰，我们欣喜地看到，二代接班，接的不仅仅是企业，更是经营理念迭代和更新。顾斌杰认为，从"心、道、德、事"的层面上看，我们不是在"事"的层面直接和父辈相比，因为我们的经验和阅历可能还赶不上父辈。更重要的是从格局境界上提升自己，进而把企业带到一个新的高峰。真正格局境界高的人，一定是肯干活的人。反过来说，真正肯干活的人，才是格局境界高的人。

云开郁蓝天，幽怀托素风。人与人最美好的关系是频率相同，灵魂相似。这一点，在梅祖南和顾斌杰身上再明显不过。作为二代接班人，能够超越父辈，本身就是父辈对我们的深情期盼，同时这也是我们对父辈的崇高敬意。在接班的过程中，翁婿心连心，企业的未来就链接了人生最澎湃的力量源泉。

记者手记

　　"蓝托"，有"托起了一片蓝天"的美好寓意，很有力量感，也很有画面感。的确，企如其名。秉持"专注、专心、专业"的匠心精神，蓝托金属深耕精加工机械零件、汽车零部件、航空机械零部件智能智造领域，不仅为航空、汽车等事业注入了新动能，也为"青蓝接力"增添了新气象。

　　知之愈明，则行之愈笃；行之愈笃，则知之益明。蓝托的成功，得益于企业创始人知行合一、实干拼搏，也得益于接力者笃行不辍、接续奋斗。二代企业家不仅是生活中的亲人，更是事业上紧密携手、与时俱进、创新发展的有力伙伴。他们身上展现的强烈责任担当，正为蓝托金属在新时代、新赛道上创造新的事业奇迹持续蓄力，共同为企业"托起未来的一片蓝天"。

中天钢铁集团有限公司　董才平　董力源

钢魂铁志铸未来

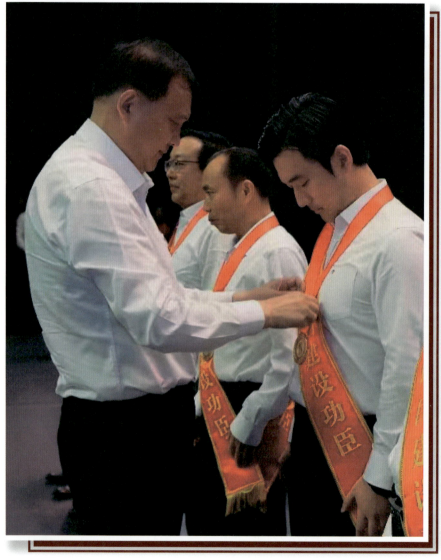

董才平（左一）　董力源（右一）

秉持"四千"精神，强国路上，铸绿色钢城。

扛起"四敢"担当，薪火接力，炼百年中天。

成立于 2001 年 9 月的中天钢铁集团有限公司，二十余年来上下一心、砥砺前进，目前已发展成为年营业收入近 2000 亿元，业务涵盖钢铁冶炼、钢材深加工、现代物流、生态农业、教育体育、酒店商贸等多个板块的大型钢铁联合企业。连续 18 年荣列中国企业 500 强，位居 2022 年中国企业 500 强第 139、制造业 500 强第 59、江苏省百强民营企业第 5。荣获"第六届中国工业大奖""国家科技创新示范企业""全国十大卓越品牌钢铁企业"等荣誉称号。

新征程上，中天钢铁不忘江苏省委、省政府"中天要建成苏南、苏中、苏北协调发展的示范"的殷切嘱托，坚持苦练内功，发扬奋斗精神，跨过长江二次创业。紧扣"高质量、高效率、高效益"的发展主线，持续推进"一总部、多基地"战略布局，将主业做强做精；同时以更强的使命感、更昂扬的斗志扎实推进一二三产融合发展，以企业的高质量发展来回报国家、奉献社会、造福员工！

榜样在前，"四千精神"成就"如日中天"

2023 年 3 月 17 日，中天钢铁集团召开千人大会，全国人大代表，集团董事局主席、总裁、党委书记董才平传达全国"两会"精神，并作题为《牢记嘱托，感恩奋进，全力打造中国式现代化世界一流企业》的工作部署。

"要把总书记对民营企业的重视关心转化为砥砺前行的动力，在中国式现代化的新征程上放下包袱，大胆发展，展现中天担当，努力创造新的业绩和更大荣光！"董才平在工作部署中掷地有声："集团将结合企业发展、岗位工作，全方位深入学习，全力打造中国式现代化的世界一流企业，为地方经济高质量发展勇挑大梁、多作贡献。"

"走遍千山万水、说尽千言万语、想尽千方百计、吃尽千辛万苦，这正是我一路走来创业奋斗的真实写照。听到总理再一次提到，让我重燃干事创业的激情和斗志。"说起李强总理在记者会上提到的"四千精神"，董才平感触颇深。他说，回首创业路上的二十余载，并不都是坦途，苦辣酸甜交织。虽然现在创业的模式、形态发生了很大的变化，但是当时那样一种筚路蓝缕、披荆斩棘的创业精神是永远需要的。中天钢铁将继续发扬"四千精神"，时刻保持清醒的头脑，稳扎稳打、苦练内功、织网捕鱼。

回望来路，很大程度上，中天钢铁的发展史就是秉持"四千精神"的奋斗史。对于百战艰辛的创业初期，董才平记忆犹新。当年，装备老化、产品积压、贷款拖欠、资金奇缺、濒临倒闭——一个个问题，让"中天"的前身武进钢厂摇摇欲坠。1997年，时年35岁的董才平接到一纸调令，命他速往武进钢厂报到，这次临危受命改变了他以后的人生。"当时领导找我谈话，到钢厂主要三件事：千方百计复工、千方百计把工资发出去、千方百计安抚员工情绪，坚持两年平稳破产。"这些话董才平记忆深刻，"坚持两年平稳破产"成了他的工作使命，在几乎没有人认为这家企业还有未来的时候，不服输的董才平选择了"绝境求生"的奋起。

困难重重，首先就是建立大家的信心。当时工厂濒临倒闭，人心涣散，董才平第一件事就是鼓舞士气，他对员工说："我不是为了关门来的，是为了把企业做大做强才来的。"然后他抓市场，采用绩效考核，虽然有阻力，但董才平看准的事绝不知难而退。最后，绩效考核提高了效率，拉开了收

员工细心检查标签

入差，让大家看到了希望，点燃了大家的热情。为了资金，董才平不辞苦和累，跑了 8 家银行争取支持，为摆脱装备陈旧、工艺落后的困境，果断实施建起了"希望工程"——高线厂。为了这条生命线，董才平带领员工扎在施工一线。1999 年 5 月，总长 320 米的高速线材生产线投产，比正常建设速度提前 9 个月。高线项目这一场硬仗打了两年，销售收入首次突破 10 亿元大关，彻底打了翻身仗。"中天不是赢在起跑线上，而是赢在转折点上。只有在逆境中赢，才能脱颖而出。"董才平说。经历了这次起死回生，2001 年，企业改制，由原有的国企改制为民营企业，董才平亲自将公司更名为"中天"。

2004 年中天再次面临危机。当年货币、财政双紧调控让钢企陷入两难之地。再一次关乎发展的抉择中，董才平毅然决定提高技术含量，选择附加值高的优特钢种，一鼓作气建起了"后劲工程"——热电厂一期 60MW 发电机组、"腾飞工程"——90 吨电炉。"三大工程"推动企业走上健康快速发展的轨道，实现了"三年重建一个

新钢企"目标。

2005 年，面对建筑用钢一片大好的市场形势，董才平却清醒地意识到，"转型升级才是根本出路，只有加快研发核心技术、挑战高端产品，才能走得更远"。在董才平的带领下，中天钢铁没有局限于建筑用钢和低端市场，而是坚定走上优特钢发展之路，启动实施优特钢"三个五年规划"（五年普转优、五年优转特、五年特转精），先后从研究院、标杆企业聘请刘宇、王郢等行业专家执掌特钢，助力中天特钢迈入发展快车道。这一年，中天钢铁成为常州市第一家产销超 100 亿元的企业。接着，营收从百亿迈入千亿，用了 8 年时间；从千亿到突破 2000 亿，用了 9 年时间。

目前，700 余种高技术、高品质、高附加值"中天牌"产品立足华东、联动长三角、辐射全中国，远销全球近 70 个国家和地区，成为常州制造的闪亮名片。其中，"中天牌"帘线钢供给全国 20% 的汽车轮胎；"中天牌"发电机爪极用钢等汽车用钢成功配套宝马、奔驰等国际知名品牌车企；"中天牌"高性能手动工具用合金钢盘条国内市场占有率超 85%。"中天牌"军工钢更是通过武器装备质量认证，成功应用于国产新一代武器装备，这些无不是"四千精神"滋养出的宝贵硕果！

实干立身，循着"父亲的背影"接力前行

由于父母工作十分繁忙，董力源 10 岁时就在寄宿学校上学。在他童年的印象中，父亲总是那个"匆匆的背影"。"整个求学阶段，父亲从来没有陪我参加过完整的校园活动，仅有的一次，也只是坐

了 10 分钟就匆匆离开了。"

担任中天钢铁集团有限公司副总裁后，一天 24 小时，对于董力源来说似乎不够用了。"小时候对父亲的工作并不了解，对父亲的繁忙更不理解，但工作以后我才明白，'父亲的背影'下投射的是实业报国的情怀。"

随着肩上的担子重起来，董力源的工作节奏不断加快。他大概算了一下，一年有近一半的日子在高速公路或者飞机上度过。尽管忙碌异常，董力源却像父亲一样，从来不言苦叫累，反而乐在其中。他说："好钢要靠烈火炼，人又何尝不是？我年轻，父亲能吃的苦我也能吃！"

回想董力源吃苦的经历，实际上早就有了伏笔。2005 年，18 岁的他在英国深造，放假回国期间，被父亲董才平"隐姓埋名"地安排到中天钢铁的一线岗位实习。酷暑时节，车间温度非常高。因为"隐姓埋名"，车间里没人知道这个小伙子是谁，只当是刚来的工人，没有任何特殊对待。对于父亲的安排，董力源没有一句怨言或不满，他虚心向老员工讨教，把班组安排的活干得妥妥帖帖。几天后，车间老员工对眼前这个不怕吃苦的小年轻很满意，不但毫无保留地将工作经验倾囊相授，还希望这个小年轻能留在中天好好干。

一线的实习虽然苦，但老员工对企业真挚与朴素的感情让董力源深受触动。回国后，他毅然加入中天钢铁，真正"在烈火中熔炼自己"。入职以来，董力源自觉从基层干起，用实干立身、拿成绩说话，一步一个脚印地与企业共成长。如今，当你和他谈到企业，谈到产品，谈到中天比头发丝还细、用于汽车轮胎的帘线钢，疲劳寿命达 1000 万次以上的铁路转向架弹簧用钢，可制造千米以上大跨度、2000 兆帕以上高强度桥缆索用钢这样有着极高技术含量的中天钢铁"优特钢"产品时，你能清楚地看到董力源眼神中的那道光。

2020 年，中天钢铁积极响应江苏省委、省政府号召，在南通海门港规划建设千亿级沿海精品钢示范基地。这是江苏省贯彻长江经济带发展和长三角一体化发展两大国家战略、推动钢铁产能由沿江向沿海转移的示范项目，也是中天钢铁高质量发展的一个重要转折点。从项目前期到建设过程中，董力源作为项目总指挥，带领团队吃住在一线、奋战在一线。从第一锹土开始，董力源就把海门项目基地当成了自己第二个家，吃住在现场，为的就是项目的顺利推进。

在一片烂泥地里搞建设，难度堪比豆腐上插针。项目建设的第一个难题，就是吹填滩涂土地，把标高从 3.7 米抬到 5 米。当时，电缆线、水管、钢管都得靠人抬进去。滩涂地泥泞难行，每个人肩上扛着物资、系一条麻绳朝前走，相隔 3 米左右，一路铺过去。但即便是这样的条件，一万多亩土地的项目也仅用了 7 个月就吹填完成。

"5+2，白＋黑，星期六保证不休息，星期天休息不保证。"董力源微笑着调侃项目推进时自己的作息，颇有种苦中作乐的豪迈与豁达。他说时间至少是可以掌控的，但海边瞬息万变的天气给这种掌控感带来了一丝不确定性。

2021 年 4 月 30 日下午，在南京参加完江苏省劳动模范表彰的他驱车赶回海门。第二天便是"五一"小长假，高速路已经开始拥堵，原本 3 个多小时的路程在导航软件中显示至少需要 7 个多小时。堵在高速路上的董力源接到了项目现场的电话："董总，这里刮大风了，

三炼钢连铸机

情况不太好……"一时没有反应过来的董力源心想，海边刮大风是常态，但电话那头急促的声音让他有些不安。他得知海面上的飓风突然来临，工地屋顶上的彩钢瓦被大风撕得一条一条的，施工人员得陷进未干的混凝土，紧抓钢筋才能避免被吹走……

面对突如其来的风灾，董力源处变不惊，在电话里组织人员尽快摸排现场情况。"人都安全吗？"当时，董力源最挂心的是项目工地上的员工，当听到有部分人员轻伤、无人员死亡的消息时，他悬着的心才渐渐放下。凌晨时分，董力源终于赶到项目现场，飓风的强大破坏力短暂地摧毁了当地的电力供应，但时间不等人，董力源和团队在项目临时指挥部借着一字排开的汽车大灯连夜召开项目现场会，争分夺秒地保安全、保建设。

谁道青山行不尽，更向深山深处行。项目推进的这一年半时间里，疫情反复，海边地质复杂，天气变化频繁，中天人啃下了一个又一个"硬骨头"：经历3个多月的挂图作战、90多轮修改，敲定了"五化五一流"建设蓝图；为承担起钢城千钧重量，桩基最深达到54米，是常规深度的5倍；各项目组立下军令状，确保严格按工期推进……

2022年1月3日第一炉焦、3月30日第一炉铁、4月2日第一炉钢、4月4日第一根材……凭着钢铁般的意志，董力源带领着项目团队经历19个月的淬炼，在黄海之滨铸就了一座千亿级绿色精品钢示范基地，创造了重特大项目建设的"奇迹"，也创造了新的"中天加速度"。

携手未来，"四项原则"是中天的"传承准则"

"中天钢铁发展至今，始终坚持'四项原则'：一是听党话、跟党走、感党恩，热爱国家；二是依法经营、依法纳税；三是团结可以战胜一切；四是企业把爱心撒向员工，员工把忠心献给企业，让员工有成就感、归属感、幸福感，营造家的感觉。"谈到传承，董才平讲得最多的就是"四项原则"。董力源深受父亲影响，紧紧围绕"四项原则"做好传承，立志做有温度的"钢铁人"。

董才平说："'听党话、跟党走、感党恩、热爱国家'是我不变的人生信条。创业以来，我们始终坚持做好一件事，就是踏踏实实做优、做精、做强钢铁主业。因此，我们能够牢牢抓住高质量发展的时代机遇，形成'一总部、多基地'（江苏常州总部，常州、南通、淮安三大生产基地）的发展格局。在二次创业之路上，我们将聚精会神办企业，遵纪守法搞经营，心无旁骛谋发展，加强关键核心技术攻关，进一步提质增效，推动企业走绿色、创新、可持续发展的道路。"为此，中天钢铁正坚定不移做大做强钢铁主业，全面推进"一总部、多基地"建设。

在这幅宏大的发展画卷中，"打造世界一流钢铁联合企业"的中天愿景跃然而出。"我眼中世界一流的、受尊重的企业，应该是'有规模、有品牌、有内涵、有温度、有核心竞争力，备受尊敬的企业'，要'为国家多贡献、为社会多奉献、让员工增收入'。"董才平说，在这一目标的指引下，中天钢铁集团将抢抓品牌、人才、科技三大发展高地，同时积极践行社会责任，服务乡村振兴，推动实现共同富裕。其中，品牌是企业发展的灵魂，中天钢铁集团正在重点研发金刚线等"特、精、尖"产品，以实现进口替代、塑造企业品牌。人才是企业发展的基石，通过"百人计划""青苗计划"搭建好20年后乃至30年后的人才梯队，为集团长期发展保驾护航。科技是企业发展的第一生产力，中天钢铁集团将以重大科研项目为牵引，紧盯科技创新薄弱环节，加大力度解决"卡脖子"问题，走出一条科技创新引领高质量发展之路。

蓝图既定，画卷已展。董力源紧扣"四项原则"，带领员工在中天钢铁追求高质量发展的金光大道上奋力驱驰。

作为中天钢铁集团采购条线的"当家人"，董力源精心组建了一支平均年龄30岁左右的精英采购团队。在他的带领下，采购中心积极实行"大采购＋严管控＋深挖潜"的管理模式，先后与淡水河谷、力拓、必和必拓、FMG等多个矿业巨头、新兴矿山达成战略合作；

通过实时把脉市场、研判上下游行情、奔波走访重点客户促成价廉质优的进口煤炭、焦炭及时供应，实现最高性价比；通过团队协作改写了中天出口空白的历史，开拓东南亚、中东、非洲、南美近 70 个国家和地区市场，并深入推动海关 AEO 高级认证战略计划，使中天成为常州市仅有的两家高认贸易型企业之一，为企业获得最高等级信用招牌。

董力源深知作为传统行业的钢铁企业要在当今时代显示青春活力，除了保持传统上的一些优势，更要在国内甚至国际的"卡脖子"技术难题上寻求突破。基于这样的理念，中天钢铁产品不断往高精尖转型。切割特种玻璃等的切割丝属于我国钢铁产业薄弱环节，董力源亲自挂帅组织攻关，目前该技术已用于生产，"综合断丝率"居国内领先水平。令他自豪的是，近 3 年来，中天钢铁科研投入已

中天钢铁（常州）南厂区全景

超 85 亿元，企业先后获得"第六届中国工业大奖""国家企业技术中心"等荣誉称号，并拥有"脉冲磁致振荡＋电磁搅拌"连铸技术、连铸替代传统模铸生产风电用轴承钢技术、电磁感应连铸中间包冶金技术等 10 多项全球、全国首创的产品和技术。目前，集团高品质特殊用途钢材占总产量的 60%，占产值的 70% 以上。军工用钢通过了国军标认证，并成功应用于国产新一代武器装备。同时，与全球知名企业纳铁福、韩国日进等高端客户实现量产，品牌知名度和影响力不断提升。

履行好自己的社会责任是中天钢铁一贯的坚持，董力源也身体力行，助力企业和社会共同发展。在新冠疫情暴发期间，他带领集团捐助了 5000 万元，全力支持地方政府抗击新冠疫情。同时，他还带领广大党员干部员工主动参与新冠疫情防控工作，筹集捐款 44.9 万元支持抗疫一线。此外，董力源积极投身帮扶救困公益事业，目前已资助 47 名困难孩子完成学业。早在 2014 年，董力源就通过中国青少年发展基金会与湖北宜昌一所山区中学结成了帮扶对子，资助了 12 名家庭困难的中学生，鼓励他们好好读书，帮助他们完成学业；2019 年，董力源又带领公司中层干部参与湖南城步县扶贫英才助学计划，资助 35 名在校大学生完成学业。

历史的车轮永不停歇，奋斗者的脚步一定永远向前。董才平说："2022 年，中天钢铁初步完成了省委、省政府'中天要建成苏南、苏中、苏北协调发展的示范'的殷切嘱托；2023 年，中天钢铁将以更强的使命感、更昂扬的斗志扎实推进一二三产融合发展，以企业的高质量发展来回报国家、奉献社会、造福员工！"前行路上，薪火传承迸发出的火与热必然让"百年基业，绿色钢城"的梦想焕发出更动人的光芒！

记者手记

　　有一首诗中写道："钢铁里绽放的花朵，那些花蕾，直到沸点才绽开。冲出锁链，似一群脱缰的马，蹄声磅礴，血性迸发，光芒刺亮夜色！"20多年前，中天钢铁就是从一家濒临破产的小钢厂起步，敢想敢闯敢为，奋力驱驰，与时俱进，一路跨越发展，傲然挺进全球钢企粗钢产量50强、中国企业500强，成为全球领先的棒线材优特钢企业，真正成为全国有名气、江苏有地位、常州顶梁柱的国家级特大型钢铁联合企业，为钢铁强国战略作出积极贡献。大道前行，其命维新。进入高质量发展阶段，钢铁业将怎样回应中国式现代化赋予的时代命题？董才平、董力源父子正在薪火传承的接力中用坚实的脚步作答。

后　记

　　常州是苏南模式的发源地之一，也是中国民营经济的发祥地之一。细数常州的民营企业，从1979年高钧成功领到了全市第一张个体工商户营业执照算起，已有44年。以此为开端，随着改革开放的春风，一大批常州民营企业家在历次经济大潮中成长起来。他们勇立潮头，筚路蓝缕，敢于拼搏，勇于创新，带领企业在激烈的市场竞争中不断发展壮大，在打造"百年老店""常青基业"奋进路上，大力弘扬优秀企业家精神，并使之与"勇争一流，耻为二手"的常州城市精神相得益彰，创出了常州民营企业家的精气神。

　　企业兴则城市兴，企业强则城市强。当前，随着新一轮科技革命和产业变革深入发展，如何推动民营企业有序传承、引导民营企业健康可持续发展已成为时代的命题、社会的关切。从2017年起，常州市委统战部、常州市工商联就实施民营企业家队伍建设"百千万工程"，重点培养"百名领军型企业家、千名成长型企业家、万名企业经营管理人才"，为企业发展提供坚实的人才基础，助力民营企业做好传承交接；2022年，启动常州市民营企业家"薪火传承创新创业"行动计划，全力推动"青蓝接力、共向未来"赋能行动，努力营造全社会关注企业代际传承、关怀年轻一代企业家成长、弘扬优秀企业家精神的良好氛围。为了更好地探索民营企业传承发展路径，提供民营企业传承发展借鉴，2023年，常州市工商联联合常州日报社，共同推动《薪火传承》专集采访编撰工作，重点挖掘全市有代表性的老一代企业家和年轻一代企业家不忘创业初心、传承事业发展的先进典型，助力全市民营企业薪火相传、接续奋斗。

本书采访编撰过程中，得到多方面的关注和支持。常州市委统战部对本书编撰给予大力指导；今创控股、上上电缆、中天钢铁、华朋集团、晨风集团等22家受访企业积极配合采访工作；各辖市区工商联群策群力，为采写工作提供种种便利。本书采写工作时间紧、任务重，采编工作专班顶高温、冒风雨，进企业、走基层、到一线，扎实采写、精心编辑，呈现有质量、有温度、有深度的文稿，共同为常州民营经济高质量发展助力赋能。

本书高效运作，历时数月，终于付梓。因时间和水平有限，难免有不足之处，敬请各方批评指正。

编著者

2023 年 11 月